U0929801

中国地质大学学术著作出版基金 资助

可持续性经济科学系列丛书 | 刘思华⊙主编

可持续性经济的生态补偿论

Ecological Compensation Theory Based on the Economic of Sustainability

刘江宜⊙著

中国环境科学出版社 • 北京

图书在版编目（CIP）数据

可持续性经济的生态补偿论/刘江宜著. —北京：中国环境科学出版社，2012.12

（可持续性经济科学系列丛书/刘思华主编）

ISBN 978-7-5111-1235-4

Ⅰ. ①可… Ⅱ. ①刘… Ⅲ. ①生态经济—经济可持续发展—研究 Ⅳ. ①F062.2

中国版本图书馆 CIP 数据核字（2012）第 311307 号

责任编辑 陈金华
责任校对 唐丽虹
封面设计 玄石至上

出版发行 中国环境科学出版社
（100062 北京市东城区广渠门内大街 16 号）
网　　址：http://www.cesp.com.cn
电子邮箱：bjgl@cesp.com.cn
联系电话：010-67112765（编辑管理部）
010-67113412（教材图书出版中心）
发行热线：010-67125803，010-67113405（传真）
印装质量热线：010-67113404

印　　刷 北京市联华印刷厂
经　　销 各地新华书店
版　　次 2012 年 12 月第 1 版
印　　次 2012 年 12 月第 1 次印刷
开　　本 787×960 1/16
印　　张 11
字　　数 200 千字
定　　价 35.00 元

序　言

重视我国可持续性经济科学的深入研究

2008 年 5 月，在世界政治经济学学会第 3 届论坛上，我提交了《关于发展可持续性经济科学的若干理论思考》一文，并在论坛第一次全体大会上就这个新问题作了会议主题演讲。我的论文和演讲在国际国内率先提出了“可持续性经济科学”的新观念，引起与会的 15 个国家的学者关注。会后，我同中国环境科学出版社的陈金华女士商议，将原来计划出版的一套有关可持续发展经济学方面的丛书，拟定为《可持续性经济科学系列丛书》。现在，第一批书就要付梓了。这是在 2002 年该社出版的《经济可持续发展论丛》基础上又一新的发展，为繁花似锦的现代经济科学园地增添了一朵新花。

一

自 1980 年代《我们共同的未来》正式提出了可持续发展的概念与理论之后，全世界各国学者从理论形态上，如何精确地表述可持续发展，如何准确地把握它的本质内涵及其价值取向，似乎成为世界性的难题。但这并不影响可持续发展已经成为 21 世纪世界现代文明发展的战略纲领。因此，2001 年 4 月，由 23 个世界著名学者在美国《科学》杂志上发表了《可持续性科学》一文，将可持续发展思想提升到一门科学——“可持续性科学”，希望综合现有各学科及领域可持续发展的研究成果，促进可持续性科学建设与发展。在 20 世纪末期，可持续发展经济学在国际国内产生与兴起，这是可持续性经济科学的典型理论形态。可持续性经济科学是个经济学科群体，从我国情况来看，至少要包括生态经济学、可持续发展经济学、绿色经济学、循环经济学、低碳经济学及它们的马克思主义形态的生态马克思主义经济学。它是现代经济学“绿化”的最高形态。

近20年来，笔者从3个视角来研究可持续发展问题：

（1）从人类文明发展的创新转型的角度研究可持续发展观。1992年联合国环境与发展大会确认了著名报告《我们共同的未来》中提出的可持续发展的新观念、新思想、新发展战略，标志着当代人类最终理智地选择了可持续发展观，是人类文明历史发展进入可持续发展新时代的开始。这是人类文明发展观从传统发展观向可持续发展观的划时代大转变。这个转变的本质，是人类文明发展观由传统的工业文明发展观向现代的生态文明发展观的历史性飞跃。这是人类文明发展观的创新转型，是一种划时代的全新的人类文明发展观。

（2）从马克思主义的自然—历史观来考察可持续发展文明观。可持续发展文明观实现了人类中心主义和生态中心文明的辩证整合，而又在相当程度上向生态中心主义倾斜，是一种人、社会与自然复合生态系统的生态整体主义世界观。或者说，它是一种生态经济社会整体和谐协调发展文明观，“在本质上是生态文明发展观。然而，可持续发展概念与理论自从提出后的20多年间，‘它更多地被人们视作走出经济发展的误区，克服工业文明弊端的一种新的发展战略和发展模式’。换言之，‘可持续发展所推动的变革仅仅被理解为工业文明自身的变革，而不是要超越工业文明的文明变迁’。因此，停留在这个层次去定位和实践可持续发展，它就被功利化了，使其仅具有一种表层或工具意义。这样，可持续发展文明观的本质是生态文明发展观的深层内涵被遮蔽，指导人类实践活动的根本观念不能转变，因而，无论是当今世界，还是当代中国，都仍然使现代文明无法摆脱生态不可持续发展的困境”。（引自刘思华著《生态马克思主义经济学原理》第457-458页）

（3）从新兴、交叉经济学的视角解读可持续发展的经济观。可持续发展作为一种划时代的全新发展观，在经济学领域里则是个全新的经济发展观，即可持续发展经济观或可持续经济发展观。“历史和现实都告诉我们，20世纪人类最根本性的观念变革之一，就是经济发展观念的变革。它从传统经济学的发展观向生态经济协调可持续发展观的转变，就如当年用哥白尼的日心说取代托勒密的地心说，是划时代的伟大革命。”（引自《刘思华文集》第621页）因此，可持续性经济发展观正是人类文明发展从工业文明时代走向生态文明时代必然的思想理论表现。它的学理表述是可持续性经济科学，或者说，可持续性经济的理论形态是可持续性经济科学，这是人、社会与自然和谐统一，生态与经济协调可持续发展的生态文明时代的必然理论形态。

二

任何科学思想理论都是时代的产物，并服务于时代的发展。可持续性经济科学，是适应新时代发展的需要而产生，是为解决21世纪新时代发展的新问题而发展的，具有强烈的时代特征。1990年代中期以来，我多次阐述，21世纪是生态文明、知识经济与可持续发展经济“三位一体”的新时代。因此，21世纪发展与经济发展的新时代，既是生态文明时代，又是知识经济与生态经济可持续发展的经济时代。它们有机统一的整体的现实形态与形象概括，就是生态文明与绿色经济时代。

在当代中国，党的十七大具有里程碑的意义，就在于它开启了这个新时代的新航程。这突出表现在党的十七大首次把“建设生态文明”的理念与价值取向写入代表大会报告，确立了生态文明是一种独立的崭新的社会主义现代文明形态，标志着我国开启了建设生态文明与和谐生态经济社会发展的新航程。因此，我们完全可以说，在科学发展观指导下，建设社会主义生态文明，是中华文明发展的一个建设中国特色社会主义生态文明的新时代正在到来。从国际上看，自国际金融危机爆发以来，国际社会和世界各国都把绿色经济发展提升到前所未有的战略高度。2009年2月，联合国环境规划署郑重地提出了“实行绿色新政、应对多种危机”的倡议，一些西方发达国家和地区，应对经济和生态危机以及“后危机”时代“建立可持续经济”，并提出打造“绿色知识经济体”的战略构想，促进全球经济绿色低碳转型，已成为当今世界经济发展的新趋势、新潮流。正如李克强同志所说的“目前世界经济正在发生大变革大调整，发展绿色经济已经成为一个重要趋势”。习近平同志强调“绿色发展和可持续发展是当今世界的时代潮流”。因此，21世纪人类文明和世界经济发展面临第三次巨大变革：从工业文明的黑色、高碳经济的黑色、高碳发展时代走向生态文明的绿色、低碳经济的绿色、低碳发展时代。这就为形成、丰富、发展符合生态文明与绿色经济时代背景的可持续性经济科学提供了实践基础；并且对加强可持续性经济科学综合的理论平台建设指明了新方向和提出了新要求。因此，我们必须以马克思主义经济学说为指导，以当今世界正在日益发展的新兴、交叉经济学为基础，科学地综合古今中外一切经济学说的合理成分，构建一种超越当今世界主流经济学（又叫“新自由主义经济学”）的可持续性经济学的新范式，即创建在生态文明与绿色经济发展背景中科学揭示生态文明与绿色经济时代的现代经济运行机制和发展规律的经济学范式。

“它的理论实质是以人为本和以生态为本的有机统一、人与自然和谐发展、生态与经济协调发展、人的发展和自然发展都是经济发展目的的新范式。”（引自刘思华《关于发展可持续性经济科学的若干理论思考》，《经济纵横》2008 年第 7 期）这是发展可持续性经济科学面临的重大任务，是建设生态文明、发展绿色、低碳经济赋予我们的崇高历史使命。这是一次真正的伟大的历史课题。

三

加强可持续性经济理论与实践研究，是加快转变经济发展方式，开创以绿色发展、和谐发展与创新发展为基本内容的科学发展新局面的迫切需要。在 21 世纪的第一个十年间，我国经济总量增加，先后超过意大利、法国、英国和德国，直到 2010 年超过日本，跃居世界第二，成为世界第二经济大国。对此，人们首先是喜，这是因为我国确实迅速成长为工业文明大国：物质生产力迅速发展，社会物质财富迅速增长，经济实力迅速增强，中国经济迅速崛起。但冷静思考后则有忧，在此，仅讲两点：

第一，这十年间我国 GDP 年均增长率近 10%，有些年份超过 10%，这样的高速、超高速增长，必然使我国经济发展规模迅速扩大，当代中国生态系统已由“空的世界”迅速发展成为“满的世界”，这是世所罕见的。另外，我们在取得经济发展奇迹与辉煌成就的同时，付出的“人—社会—自然”的巨大代价也是世所罕见的。从马克思主义广义生产力学说来看，当今中国的确存在着以生态生产力、人的生产力、精神生产力的巨大牺牲为代价换取物质生产力的高速增长，实现经济总量的迅速增加。物质世界大大发展，而人的世界贬值和自然的世界衰败，导致我国发展与经济发展的“反人性”和“反生态”问题日益严重，使我国发展与经济发展中不平衡、不协调、不可持续问题十分突出，极大地制约着经济发展方式的根本转变和中国经济的科学发展。

第二，虽然中国经济总量的世界位次不断上升，但中国仍然是发展中国家的属性没有变，这就是说，当今中国仍属较贫穷的国家。这是因为，今日中国的基本国情，是一个经济总量大国、人口大国、资源小国、生态弱国、生态经济穷国（人均生态财富很少）。根据有关国际组织数据，我国人均 GDP 在世界排名第 100 位左右，尤其是在医疗、教育、生态环境等领域仍然比较落后。据世界卫生组织的综合性评估排名，我国卫生筹资与分配公平位居世界第 188 位，在 191 个成员国中倒数第 4。按照联合国标准，每日收入 1 美元为绝对贫困，2 美元以下为低收入，都属于穷人之列。现在有的学者估计中国有 1.5 亿人口的每日收入在 1 美元以下；有 4 亿多人每日收入在 2 美元以下，这就是说当今中国有 5.5 亿之多的穷人。中国人民大学教授周孝正估算，城乡合计每日收入 2 美元以下的人口达 10 亿。我国生态环境可持续指数在世界排第 133 位。可见，我国经济高速增长，GDP 总量迅速增加，但平民百姓生活水平及增长速度却不能与之匹配，尤其是居民生活质量没有相应提高，使人民的幸福感降低。据盖洛普调查公司最新一项调查，只有 6%的中国人感到幸福，在全球排第 125 位。因此，我国发展与经济发展，不仅需要“生态化的 GDP”，而且需要“人性化的 GDP”，使全体人民过上真正的幸福生活，使人民的生态健康和自然的生态健康相互协调、和谐发展。这是我国加快转变经济发展方式，实现科学发展的双重价值取向与终极目标。

西方新古典经济学的一般理念认为，经济增长带来社会财富增长，必然会自动地逐步惠及所有社会阶层、所有人群，自然而然地形成帕累托最优状态。因此，新自由主义经济学编造了一个自由市场经济为大众创造财富的神话，允诺经济的无限增长可以拯救人间一切陷入苦难之中的生灵，穷人都会享受富裕的生活。然而，在现实世界中，不管制度社会形态如何，只要是工业文明高度发达、市场经济迅速发展总是以大众贫困为代价，不仅没有缩小收入差别，反而出现日益扩大的贫富两极分化。在今日之美国，精英垄断资本阶层 5%的人占有社会财富高达 60%，而社会底层 50%（1.5 亿）的穷人仅占有 3%的财产，其中有 620 万个家庭生活在贫困线以下，据 2010 年 9 月 16 日美国人口普查局公布的报告称，2009 年美国生活在贫困线以下的人口总数达 4 360 万，占全国总人口的 14.3%，为 50 年来最多。因此，美国是当今发达国家两极分化最严重的国家，俄罗斯是新兴市场经济两极分化最严重的国家。而今日之中国则是 1%的家庭掌握了全国 41.4%的财富，10%的贫困人群仅占有全国 1.4%的财富。因居民收入集中化程度急剧增高，基尼系数持续上升，从 1981 年的 0.29 上升到 2008 年的 0.469，直到目前实际已超过了 0.5。2011 年“胡润百富榜”显示，在全球金融危机背景下，中国私营企业家的财富增长仍然很快，成为全球亿万富豪最多的国家。百亿美元富豪达到 127 位，比 2009 年增加 62 位；10 亿美元富豪达到 271 位，比 2009 年增加 142 位，当年仅次于美国，居全球第二；10 亿元人民币及以上的富豪人数从 2010 年的 4 000 人增至 7 500 人。中国富豪积累财富时间超短是世界任何一个国家难以相比的。事实表明，中国的财富集中度超过现代资本主义发达国家美国，中国富豪成长速度竟然使美国感到呼吸急促，让俄罗斯自叹弗如，这绝不是什么值得炫耀的好事情，而是社会生态关系恶化的令人担忧之事。德国学者威廉·魏特林在《和谐与自由》一书中明确指出："在富人最多的国家，穷人也最多，因为这是彼此不可分的。"贫富两极分化，是社会生态危机的核心标志。在当代中国"自然—人—社会"的有机整体中，不仅自然生态恶化，而且社会生态和人体生态也在恶化。从建设社会主义生态文明与构建社会主义和谐社会的要求来说，笔者认为，当今中国的社会生态问题要比自然生态问题更为严重、更为突出，使我国发展与经济发展中不和谐、不稳定、不包容性问题非常突出，极大地制约着经济发展方式的根本转变和中国经济的科学发展。

随着 2007 年"建设生态文明"首次写入党代会报告，成为我们党、国家、政府治国理论的新理念；其后，以胡锦涛为总书记的中央领导集体提出了绿色经济与绿色发展的一系列新思想、新观点、新论断，使一种新的经济学范式——包括生态经济学、绿色经济学在内的可持续性经济科学正在从非主流经济学科走向主流经济学科。但还没有上升为一种自觉的社会意识，构成以马克思主义为指导的中国特色社会主义主流经济意识形态。因而马克思主义生态经济可持续性发展理论，可以说是中国特色社会主义意识形态体系中的短板。按照马克思主义的观点，理论只要彻底，就能掌握群众，转化为科学发展的实践。因此，我们必须以马克思主义为指导，深入研究可持续性经济理论与实践，加强可持续性经济科学综合的理论平台建设，使马克思主义可持续性经济发展观成为中国特色社会主义经济意识形态的强板，并充分发挥其指导作用，使我国发展与经济发展沿着可协调性、可和谐性、可包容性、可持续性的绿色道路奋勇前进。

四

恩格斯在《自然辩证法》中说得好："一个民族想要站在科学的最高峰，就一刻也不能没有理论思维。"中国环境科学出版社站在生态文明与绿色经济时代的前列，邀请我主编出版这套《可持续性经济科学系列丛书》，它代表了当今中国可持续性经济科学研究的主流方向，是对当今世界主流经济学的一种突破，是对今日中国现存的经济学的一种创新。本丛书对可持续性经济发展的理论前沿和现实前沿的 8 个方面，都进行了比较系统地研究和比较深入地探讨，提出了自己的独到见解，形成相互联系又相对独立的各有侧重的 8 本学术专著，它们都具有时代性、学术性、理论性、实践性、探索性和超前性的共同特点。当然，每部著作保持了各自的内涵、外延、主题、风格及特色。大致可以分两种情况：

第一种情况是可持续性经济的理论前沿与学科建设问题研究。中共中央党校贾华强著的《经济资源的可持续性运行与发展》曾以“可持续性经济学概论”为名，是他过去出版的《可持续经济学导论》一书的姐妹篇，是对现存的国际国内可持续发展经济学的创新与发展。广西大学李欣广著的《生态文明与马克思主义经济理论创新》，属于生态马克思主义经济学著作，是对现存的纯马克思主义经济学理论的创新与发展，丰富了马克思主义经济学的理论内涵和当代价值。大连民族学院马林著的《绿色产业经济学导论》，创建了绿色经济学的一门分支学科。21世纪初，他主持的国家社会科学基金项目“内蒙古绿色产业体系与经济可持续发展研究”，完成了研究报告，请我为这个研究报告形成的专著作序，故写了题为“重视绿色产业经济学研究”的序言。此序在国内外率先提出了绿色产业经济学的新概念，明确阐述了绿色产业经济学的研究对象，为绿色产业经济学成为一门学科提供了科学依据。马林教授经过七八年的努力，终于写成了《绿色产业经济学导论》一书，是值得庆贺的事情。湖北民族学院张新平著的《循环经济价值理论探索》，是对生态经济价值理论的新探索，也是可持续性经济价值理论研究的新进展。

第二种情况是可持续性经济的现实前沿与重大实践问题探讨。北京大学、卫生部苗艳青著的《生态·健康·经济协调发展论》，中国地质大学（武汉）刘江宜著的《可持续性经济的生态补偿论》，中南财经政法大学唐静著的《生态旅游经济关系和谐发展论》，湖北大学刘名俭著的《旅游经济发展方式转变路径研究》，分别对人的可持续生存与全面发展和自然的生态安全与生态系统健康发展进行生态经济学研究，从可持续性经济发展的新视角，回答人与人的发展和自然与生态发展面临的时代课题。

总之，这套丛书的出版，必将推动工业文明时代的黑色增长经济学向生态文明时代的绿色增长经济学的根本转变；对我国建设生态文明、发展绿色经济、加快经济发展方式转变、推进经济科学发展也将发挥重要的指导作用。最后，我要指出的是，每部著作所研究的主题，都有相当大的难度，由于我和作者的水平有限，总会存在许多不尽如人意的地方，恳请广大读者批评指正。

刘思华

2011 年 4 月 1 日

提 要

1. 研究背景

工业革命以来，科学技术不断进步，人类社会经济高速发展，人与自然的矛盾也日益明显。经济活动对自然资源的需求持续增加，向自然界排放的废弃物持续增多，逐渐引起了资源耗竭、生态破坏、环境退化、生物多样性减少等生态环境问题。人类的经济活动开始从“空的世界”走向“满的世界”，生态资本逐渐取代人造资本成为人类经济发展的限制性因素。为什么生态资本会成为经济活动的限制性因素？怎样才能保护剩余的生态资本？这些问题已经成为学术界研究的热点问题，并在以下方面取得了阶段性成果：①运用西方主流经济学的理论和分析工具，将外部性、产权、公共物品等理论引入生态保护领域，开展生态环境成本内部化研究；②加强生态系统服务的价值研究，论证生态服务的价值并开发各种工具来评估生态服务的经济价值；③开展生态补偿研究，通过大量的案例探索生态保护和建设中的外部性问题，讨论将市场手段和机制引入生态保护领域。但理论研究中还有一些问题需要深入探讨。例如，生态服务价值的评估方法选择，生态补偿中的补偿主体、补偿标准和补偿途径等都是学术界还没有完全回答的问题。

改革开放 30 多年来，我国经济持续快速增长，与此同时，由于经济增长主要是建立在大量消耗自然资源和劳动力的基础之上，经济增长所带来的生态环境问题日益突出：水土流失加剧、荒漠化面积扩大、地下水位下降、湖泊面积缩小、水体污染加重，等等。这些生态环境问题导致了一系列的生态灾难，关于生态环境保护与经济发展的矛盾争论也在逐渐增多。中国政府高度重视生态环境保护问题，在 1990 年代末启动了退耕还林（草）、天然林保护等一系列重大生态建设工程。近年来，政府又先后提出了新型工业化、循环经济、科学发展观、和谐社会及资源节约型、环境友好型社会等思路和理念，这是中央在深刻反思我国粗放型经济增长道路的基础上提出来的，表明中央加强生态环境保护，实现人与自然和谐发展的决心。

当前，建立生态补偿机制已经成为全社会广泛关注的热点。2005 年 12 月通过的《国务院关于落实科学发展观　加强环境保护的决定》以及国家“十一五”规划纲要中都明确提出，要尽快建立生态补偿机制。2007 年 8 月，国家环境保护总局又出台了《关于开展生态补偿试点工作的指导意见》，对加快生态补偿机制试点的意义、重点领域等内容进行了具体规定。

综上所述，我国目前已经具备了建立生态补偿机制的科学研究基础、实践基础和政治意愿，研究生态服务价值及其补偿问题具有重要的理论和现实意义。

2. 主要研究内容与结论

生态服务是指人类从生态系统中获得的各种惠益，既包括生态系统提供的各种产品，也包括生态系统提供的各种服务。随着可持续发展思想的深入和生态危机的加剧，生态服务已经得到经济学越来越多的关注。人类文明历史表明，生态服务是人类生存和发展的重要基础，而目前人类正在失去大量的生态服务基础，经济活动的生态边界日益明显。

生态服务的价值已经得到广泛承认，但评估生态服务价值的方法还有待探索和创新。无论是马克思主义经济学还是西方经济学都承认并从理论上解释了生态服务的价值。研究人员开发出各种工具来试图评估生态服务的经济价值，其主要评估思路可以概括为三大类，即市场价值法、替代市场法和假想市场法。对有交易市场的生态服务可以直接通过市场价格进行评价。针对没有交易市场但可以找到替代市场的生态服务，则可以通过替代市场进行间接评价。对既没有市场，也无法找到替代市场的生态服务，只能通过支付意愿的方法来评价其价值。目前，关于生态服务价值评估的各种方法还存在一些争议，主要集中在方法的选择、评估中的误差、评估结果的实际意义等方面。

生态补偿是保护生态环境、实现生态服务价值的全新机制。它既是一种经济活动，又是一种生态活动，其实质是一种生态创新的生态经济活动。生态补偿的根本目的是保持生态资本存量不变或略有增加，其机理是通过一定的经济补偿将经济主体生态保护和建设活动的外部性内部化。一般认为，外部性、公共物品和生态资本理论是生态补偿的理论基础。依据马克思主义原理，马克思的生产和再生产理论以及物质变换理论才是生态补偿的主要理论基础。马克思再生产理论包括生态再生产的内容，而马克思物质变换理论强调了自然界与人类的双向变换关系，生态补偿体现了其关于人类补偿自然的思想。当前，国内外都在实践中探索生态补偿。从世界范围来看，德国、美国等国家已经在流域水土保持、自然保护区保护、土地保护等领域实施了生态补偿制度。我国的生态补偿主要包括 3 个方面：①以中央政府为主开展的重大生态建设工程，如退耕还林（草）、天然林保护、“三北”防护林建设等工程；②以地方政府为主开展的补偿交易，如浙江东阳与义乌的水权交易；③民间企业或个人自由开展的补偿案例。我国生态补偿实践中还存在补偿主体不清、补偿标准不一致、补偿途径有限等问题。

建立完善的生态补偿机制是促进生态保护和建设的重要方面，其中最主要的是确定生态补偿的主体与对象、补偿标准与期限、补偿融资和补偿途径等。生态补偿主体应该是生态效益的受益者，包括公共主体和市场主体两大类。生态补偿的公共物品特征是政府作为补偿主体的重要原因，完善的补偿机制要求按照“谁污染、谁付费”和“谁受益、谁付费”的原则确定补偿主体。生态补偿的对象主要包括生态建设者、生态破坏的损害者和生态保护的牺牲者三类。生态补偿的理论标准是生态服务的价值，但由于技术原因，这一标准没有得到实际应用。实践中的补偿标准主要是通过损失估算、机会成本评估、费用支出、交易协议等方法来确定的。建立多元化的生态补偿融资体系，加强政府生态保护的财政支出，通过发展生态环保市场、资产证券化、项目融资等方式来筹集生态保护和建设资金。生态补偿的途径有政府购买、市场交易以及碳交易机制等。在我国生态补偿实践中，应该确立政府购买与市场交易并重的方式，而在全球生态补偿中探索碳交易机制。

实施生态补偿需要一系列相关的保障措施：①建立绿色国民经济核算体系。我国已经开展绿色国民经济核算制度研究工作，2006 年，我国第一份绿色 GDP 核算报告《中国绿色国民经济核算研究报告 2004》正式发布。核算结果的公布，把真实的环境成本告诉了全社会，起到了警示和监督作用。但该项制度还存在技术和观念上的障碍，要进一步加强对生态服务价值和资源环境损失的评估和计算方法的研究。②完善排污收费和排污权交易制度。排污收费是中国实行较早的一种环境管理制度，在我国生态环境保护实践中发挥了重要作用。2003 年，中国政府改革了排污收费制度，但还存在一些问题有待完善。排污权交易是近年来我国环境污染治理和生态保护领域中得到重视的一种环境保护经济制度。目前，该项制度主要应用在我国的大气二氧化硫控制和水污染交易领域。③完善相关法律法规体系。生态补偿制度需要一系列的法律来保障，如规定退耕还林过程中的补偿标准与期限等。我国许多法律法规都有关于生态补偿的规定，但专门的生态补偿法律还没有制定，完善的生态补偿法律体系还没有建立。

本书最后以云南怒江水电开发为实例，讨论了基于专家评判和支付意愿的生态补偿机制，初步提出了一个关于自然保护区的生态补偿机制框架。

3. 主要创新之处与不足

主要创新点

（1）在生态服务价值评估方面进行了创新性分析。生态服务价值补偿的难点在于其价值难以货币化。本书对生态服务的价值评估思路及主要方法进行了较全面的介绍。本书承认非使用价值是生态服务价值的重要内容，指出支付意愿法是评估非使用价值的有效方法，并对生态服务价值评估方法的合理性提出了质疑和评价。

（2）在生态补偿的基本理论方面提出了新的认识：①生态补偿的根本目的是保持生态资本存量不变或略有增加，从而保持经济系统的生态需求与生态系统的生态供给之间的平衡；②生态补偿的本质是一种生态创新的生态经济活动，生态补偿既是经济活动，又是生态活动，是一种生态经济活动，本质上是一种生态创新活动；③本书运用马克思主义经济原理解释生态补偿，提出生态补偿的理论基础主要是马克思的社会再生产理论和物质变换理论。

（3）在生态补偿机制方面进行了有益的分析。作者特别强调市场手段在生态补偿中的作用，并从补偿主体、补偿途径和补偿资金来源等方面分析了市场在生态补偿中的作用与机制。

有待进行深入探讨的问题

（1）建立完善的生态补偿机制是一个有待深入研究的问题。本书对此进行了较全面的分析，但对有些问题分析还不够透彻，如对生态补偿主体的确认、生态补偿期限的规定等，还有待进一步深入分析。

（2）生态补偿的公平性值得进一步研究。生态补偿作为一种经济政策，既有生态保护的目的，也有发展经济、协调经济发展的目的，特别是在我国由于大多数生态脆弱区都是经济发展相对落后的地区，因此，如何在生态补偿中体现公平性是值得进一步深入研究的问题。

（3）进一步加强实证研究。实证案例分析是检验理论的重要途径，本书虽然对怒江生态服务价值进行了剖析，但由于缺乏大量第一手资料，其实证效果还有待检验，实证案例分析有待今后继续工作。

Abstract

1. The background and significance of topics

With the rapidly development of Human economy since Industrial Revolution, the human being and the nature contradiction is gradually obvious. The natural resources demand of the economic activity and the waste discharged to nature has been increased continuously. So, the ecological environment problems have been aroused gradually, such as the drained of natural resources, ecocide, environment degradation, the biodiversity reduction, and so on.

Human being's economic activity has been changed from"the empty world"to"the full world", ecological capital has become the limiting factor of the human being economic growth gradually substituted imitation capital. Why? How to protect the remained ecological capital? Theses problem has been become the focus in the academic community.

Over the past 20 years of reform and opening up, China's economic has a sustainable and rapidly development. At the same time, economic development is mainly built on massive consumption of natural resources and labor; the ecological environment problems brought by the economic development have become more obvious accordingly.

The Chinese government has highly concerned about the ecological environment problems and regarded the harmony between man and nature as the vital component of harmonious society. The Chinese government has started a series project of large-scale ecological construction in the late 1990s, such as returning farmland to forest, protection of natural forests. In recent years, the government has proposed a new type of industrialization, green national accounts, the concept of scientific development, a harmonious society and resource-saving, environment-friendly society. These indicated that the central government's determination of strengthening protection the ecological environment and realizing the harmonious development between man and nature.

Currently，the establishment of ecological compensation（Ecological Compensation） mechanism has become the focus of the society's attention. The representatives of the NPC and CPPCC have proposed to establishment the correlative mechanisms and policies as soon as possible. Academics have also developed correlative research in this area in order to discussing how to carry out China's ecological compensation， especially in the worth evaluation of the ecosystem services and the integrated evaluation of ecosystem and so on. The above facts show that China has been possessed scientific research and practice foundation and political will of establishment ecological compensation mechanism. The research of ecological services value and the ecological compensation has important theoretical and practical significance.

2. The main contents and conclusions

The dissertation is divided into six chapters.

The main content of the introduction includes three aspects. First，the background of the topic is introduced. The paper indicates that the value of ecosystem services and ecological compensation are two interrelated content. With the continuous economic growth，the natural capital has gradually become the scarce capital. Second，the status of research at home and abroad is summarized. The paper reviews and comments the research status from ecological economic research，the value of ecosystem services and ecological compensation. Third，the structure of the paper is explained.

The first chapter main discuss the Ecological services from the perspective of sustainable development. First，the background and development process of the sustainable development thinking is reviewed. Second，the basic concepts and types of the ecological services are defined and explained. Finally，the relationship between the ecological services and the economic growth is discussed. Ecological services are the basis of economic development，but modern economic growth mode endangers the ecological services.

Chapter two studies the value evaluation of ecological service which is one of the key elements. This part has introduced the composing，evaluation ideas and methods. The implied premise of the ecological compensation mechanism is the value of ecosystem services. Ecological compensation provides compensation for the services which is offered by the ecosystem and dealt without market. In the paper, the ideas of the ecological services value evaluation have been divided into three categories, namely market value, replacement market and imaginary market, and one of the main methods were commented, such as the method of payment willingness evaluation.

Chapter three mainly discusses the basic problem of ecological compensation. The basic content, theoretical foundation and the practice at home and abroad of the ecological compensation have been analyzed. Then the own viewpoint has been proposed in the aspect of the ecological compensation essential. Ecological compensation practice at home and abroad is studied in this chapter. This part introduces some successful experience of ecological compensation in foreign, mainly on the successful cases developed by the World Bank in Costa Rica, Mexico and other countries. This part also summarizes the practice of ecological compensation in our county, including national project such as returning farmland to forest and natural forest protection, etc. and local practice in ecological compensation.

The ecological compensation mechanism is studied in chapter four. This part has a comprehensive analysis in the principles, main body, standards, funding sources and ways of the ecological compensation. Funding sources for ecological compensation is an important element in practice the ecological compensation. Now, the main funding sources are the transformation of the government funds and all kinds of protection funds at home and abroad. This chapter has put the focus on how to make use of market mechanisms to resolve the ecological compensation funds, such as asset securitization, public funds based on the payment willingness, environmental bond and issued lotteries, etc..

Chapter five has proposed the related policy recommendations of the ecological compensation. This part focuses on the government's role, required conditions and institutional arrangements in the implementation of ecological compensation. The first kind is green national economic accounting system. Second kind is the charge system of pollution fee and the tradable emission permits. Third kind is legal protection. At the same, there are other systems, such as supervision mechanisms and social equity, etc..

Chapter six mainly studies the ecological compensation cases. For the example of Nujiang River Nature Reserve, the ecological compensation mechanism based on expert judgment and payment willingness is proposed, and also proposed an ecological compensation mechanism framework about nature reserve in preliminary.

3. The major innovations and shortcomings

The major innovations of this dissertation are embodied in theory，the main points are as follow：

（1）The key of the ecological services value evaluation is expressed by money. The author introduces the methods of evaluation， and the non-use value of ecological services has been analyzed in this paper. The new opinions for the evaluation method of the ecological services value has been proposed，such as the analysis of the payment willingness evaluation method.

（2）Proposing some ideas about the ecological compensation. First， the foundation goal of ecological compensation is to increase the ecological capital. Second， the ecological compensation is a ecological innovation activities.

（3）Proposing some new ideas about the theoretical foundation of ecological compensation. Theoretical basis of ecological compensation is the social reproduction and material transformation theory of Marx. It is different from the prevailing external and public goods theory.

（4）Discussing the Ecological compensation mechanism. The main body， funding sources， standard and ways of ecological compensation are discussed and get a new understanding.

At the same time， there are some shortcomings in the paper.

a. On the ecological compensation mechanism，some factors have been discussed in details in this paper， such as the standards of compensation.

b. The equality of the ecological compensation is worth researched in the future.

c. To go on doing the empirical analysis.

目 录

第 1 章

导 论

自然界及其提供的各种服务是人类经济社会发展的物质基础。一方面，自然界不断地为人类生产生活提供各种所需的原材料，从这个角度看，自然界是人类的“资源库”。另一方面，自然界又容纳或净化了人类生产生活所产生的各种废弃物，从这个角度看，自然界是人类的“垃圾箱”。但自然界的这些功能不是无限的，不可再生资源将逐渐耗竭，环境承载力是有限的，人类的经济活动必须在生态环境的承载范围之内，人类在向自然界索取的同时也要返还于自然。

1.1 问题的提出

1.1.1 “空的世界”向“满的世界”转变

传统经济学的一个重要特征在于它是生态与经济相分离的经济学理论框架。我国著名生态经济学家刘思华先生指出，“传统经济学理论是以生态与经济相脱离为特征的，其理论范式是建立在纯经济学观念基础上的。它把自然界视为一个不变因素，只是就经济系统内部的物质资料生产与再生产的经济现象与过程来研究”①。这种只考虑经济系统内部运行规律的经济学也被称为“空的世界”的经济学。现在，这种理论框架正受到一批新兴经济学科的挑战②。

工业革命以来，人类科技水平不断进步，经济活动日益增强，对自然资源的

① 刘思华：《新时代 新经济 新经济学》，光明日报，2001 年 10 月 23 日。

② 目前，随着生态经济学、可持续发展经济学、资源与环境经济学等新兴学科的迅速发展，传统经济学在经济与生态方面的缺陷受到越来越多的关注。

需求持续增加，向自然界排放的废弃物持续增多，引起了资源耗竭、生态破坏、环境退化、生物多样性减少等生态环境问题。人们开始重新思考经济与生态（环境）的关系。一种新的观点逐渐被人们所接受，这种观点认为经济是环境的子系统，经济活动的宏观规模是有限的。赫尔曼·戴利在《超越增长——可持续发展经济学》一书中深入阐述了这一观点，当我们画出包含经济的环境边界，我们就从“空的世界”的经济学走向了“满的世界”的经济学——从一个经济系统的输入输出没有限制的世界，走向输入输出日益受到退化和污染限制的一个有限的世界。在“满的世界”中，限制性因素的特征从人造资本迁移到了我们剩余的自然资本，从捕鱼船迁移到了在海中尚剩的鱼群[①]。

为什么生态资本会成为经济活动的限制性因素？怎样才能保护剩余的生态资本？导致生态资本减少的原因是多方面的，其中之一就是生态服务的无价或无法估价。在市场机制发挥基础作用的体制下，许多生态服务由于没有价格或无法准确计价而存在着过度利用或低效率现象。因此，提升生态服务的价值及其实现是保护我们剩余生态资本的重要内容。

1.1.2 “千年生态系统评估”及其启示

为了在全球范围对生态系统及其对人类福利的影响进行多尺度综合评估，联合国于 2001 年 6 月 5 日启动了“千年生态系统评估”（Millennium Ecosystem Assessment，MEA）项目[②]。该计划将生态系统服务分为供给功能、调节功能、文化功能和支持功能四类，并于 2005 年 3 月 30 日在北京、伦敦、华盛顿等 8 个城市同步发布其研究成果。95 个国家的 1 300 多名科学家经过 4 年时间进行的研究表明，人类赖以生存的生态系统有 60%正处于不断退化状态，支撑能力正在减弱。科学家们警告，未来 50 年内，这种退化也许还将继续。评估报告指出，过去 60 年以来全球开垦的土地比 18 世纪、19 世纪的总和还多，1985 年以来使用的人工合成氮肥与前 72 年的总量相当，在过去 50 年里，人类对生态系统的影响比以往任何时期都要快速和广泛，10%～30%的哺乳动物、鸟类和两栖类动物物种正濒临灭绝。科学家将生态系统的服务功能分为四大类 24 项，结果发现，15 项生态服务功能正不断退化，而且生态系统服务功能的退化在未来 50 年内将进一步加剧。

“千年生态系统评估”的结果在为我们敲响了警钟的同时，也要求我们加强理

① 赫尔曼·戴利：《超越增长——可持续发展经济学》，上海译文出版社，2001。

② 有关 MEA 的详细内容，可参见 http://www.millenniumassessment.org/en/index.aspx。

论研究，寻求生态保护的方法和途径。而加强生态系统服务价值和生态补偿研究就是其中的重要内容。

1.1.3　“生态危机”日益突出

改革开放 20 多年来，我国经济持续快速增长，与此同时，由于经济增长主要是建立在大量消耗自然资源和劳动力的基础之上，经济增长所带来的生态环境问题日益突出：水土流失加剧、荒漠化面积扩大、地下水位下降、湖泊面积缩小、水体污染加重，等等。这些生态环境问题导致了一系列的生态灾难，关于生态环境保护与经济发展的矛盾争论也在逐渐增多。1998 年，长江流域发生的特大洪水很大程度上是上游环境破坏的结果。2000 年春，我国北方地区持续的沙尘暴与内蒙古草场破坏密不可分。2001 年，浙江省临安市天目山自然保护区的 243 名村民状告临安市政府不作为，要求政府给予“生态补偿”。2003 年以来，关于怒江水电开发与生态保护的争论虽然最终因政府的干预而暂时搁置，但怒江人民为保护生态环境而牺牲的发展机会却没有得到相应补偿，解决水电开发与生态保护矛盾的长效机制没有形成。2004 年，在淮河污染治理的争论中，江苏向安徽要说法，安徽又向河南讨损失，在相互推诿扯皮中，使真正的肇事者逃离了惩罚。2005 年，因吉林石化爆炸引起的松花江污染事件，进一步引起了人们关于生态环境破坏补偿的讨论。2006 年，山西省许多煤炭企业老板逃出采煤区，煤炭开采已经给山西人民带来了严重的生态危害，但这种危害并没有得到相应的补偿。

中国政府高度重视生态环境保护问题，在 1990 年代末启动了退耕还林（草）、天然林保护等一系列重大生态建设工程。近年来，国家又先后提出了新型工业化、循环经济、科学发展观、和谐社会和资源节约型、环境友好型社会等发展理念，这是中央在深刻反思我国粗放型经济增长道路的基础上提出来的，表明了中央加强生态环境保护、实现人与自然和谐发展的决心。2005 年 12 月通过的《国务院关于落实科学发展观　加强环境保护的决定》以及国家“十一五”规划纲要中都明确提出，要尽快建立生态补偿机制。为了建立促进生态保护和建设的长效机制，党中央、国务院又提出“按照谁开发谁保护、谁破坏谁治理、谁受益谁补偿的原则，加快建立生态补偿机制”。2007 年 8 月，国家环境保护总局又出台了《关于开展生态补偿试点工作的指导意见》，对加快生态补偿机制试点的意义、重点领域等内容进行了具体规定。

综上所述，我国目前已经具备了建立生态补偿机制的科学研究基础、实践基础和政治意愿。从上述背景分析不难看出，加快生态服务价值和生态补偿问题研究具有重要的理论和现实意义。在此，进一步强调以下几点。

（1）尽管生态对于穷人和富人都是显而易见的同等重要，它们的经济价值通常却没有或者鲜有得到真正认可。如同哥伦比亚大学经济学家希尔（Geoffrey Heal）所说，经济学给予更多关注的是价格，而不是价值或者重要性。传统经济理论是以经济与生态相分离的经济学理论为框架，而可持续发展经济理论要求生态与经济协调发展，将经济看做是环境的子系统。这就要求生态系统的供给与经济系统的需求之间保持必要的平衡，而实现平衡的关键就是承认并评估生态服务的价值，并通过一定的渠道对这种价值进行必要的补偿。

（2）生态补偿是一种新的生态环境保护机制，它是利用市场机制和经济手段保护生态环境思想的深化和延伸。改革开放以来，国家逐步重视生态环境保护工作，并从传统的命令控制型手段转向利用市场经济手段来保护生态环境，排污收费、排污权交易等制度逐渐从提出到完善，对我国的生态保护起到了重要的作用。生态补偿作为一种新的机制，从目前的实践来看，还存在着对补偿主体、补偿标准、补偿渠道等诸多内容认识不清的问题，亟需研究和解决。

（3）建立生态补偿机制的根本目的在于保护生态环境，使生态资本的存量保持不变或略有增加，它的实质是一种生态创新的经济活动。这与科学发展观要求以人为本、强调发展的可持续性是完全一致的。同时，人与自然和谐是国家和谐、社会发展战略的重要组成部分，加快生态服务价值及补偿问题研究必将为生态保护实践提供理论基础，促进人与自然的和谐发展。

1.2 相关文献综述

生态服务价值及补偿问题涉及生态经济学、可持续发展经济学、自然资源与环境经济学等许多领域，国内外学者都对相关问题进行过开创性的研究。本节主要从生态经济、生态价值和生态补偿 3 个方面进行综述和评价。

1.2.1 生态经济研究概述

人类对生态环境的保护观念和行为可追溯到很久以前，但作为学术研究热点和政策讨论则是 20 世纪中后期的事。

国外关于生态保护的思想可追溯到 1854 年梭罗撰写的《瓦尔登湖》，该书引起生活在污染中的人们对清新空气的向往，但并没有引起人们的普遍关注。利奥波德撰写的被称为“美国资源保护运动的圣书”《沙乡年鉴》，其中的大地伦理准则于 1990 年被写进美国林业工作者的伦理规范中。1962 年，美国的海洋生物学家蕾切尔·卡逊出版了意义深远的《寂静的春天》，书中描述了由于过量施用 DDT

等农药引起的农业环境问题，该书一经出版立即引起了广泛关注。1972 年，梅多斯等人向联合国提交了名为《增长的极限》的研究报告，报告从人口增长、粮食问题、污染、不可再生资源和工业化 5 个方面分析了增长的极限，引起世界人民的极大关注。

1990 年代以来，西方国家关于生态环境保护的著作日益增多，开出的药方也推陈出新。莱斯特·布朗的《生态经济：有利于地球的经济构想》一书认为，西方的工业发展模式对中国来说将是不适用的，提出要架构一种与地球保持和谐关系的经济。随后，他又在《B 模式：拯救地球 延续文明》一书中进一步强调指出现有经济发展模式的不可持续性，提出“要抢在全球泡沫经济突然破灭之前，进行全面动员、使泡沫逐渐消失的对策”[①]。杰弗里·希尔在《自然与市场：捕获生态服务链的价值》中提出要用市场经济机制解决生态保护问题，讨论了利用资产证券化等方式筹集生态保护所需的资金问题。格蕾琴·C·戴利在《新生态经济：使环境保护有利可图的探索》一书中论述了保护生态环境的经济手段，包括碳排放交易、城市供水、洪水防治、生态旅游、循环经济和资本市场等，其核心观点是：大自然是有价的，环境保护是有利可图的。赫尔曼·戴利出版的《超越增长——可持续发展的经济学》一书可谓是集可持续发展研究之大成[②]。该书将经济系统看成是环境的子系统，指出经济发展的 3 个重要问题：规模、分配和效率。传统经济理论研究了效率并部分地涉及了分配，但没有讨论经济发展的规模问题。戴利认为，当经济发展到一定程度，其相对于自然环境而言，必然有一个最佳规模的问题，而这一点在宏观经济学中没有得到反映。他因此提出了“空的世界”与“满的世界”的概念，说明经济发展要受到自然环境的约束，强调可持续发展的实质是没有增长的发展，增长意味着数量性增加，而发展意味着质量性改进。

中国的生态经济学研究始于 1980 年，并在世界范围内开创了 3 个第一，即创建生态经济学科、建立全国性生态经济学会、创办生态经济杂志[③]。1984 年，一批关心生态环境问题的经济学家和自然科学家联合起来成立了世界第一个全国性经济学会——中国生态经济学会。1987 年，著名马克思主义经济学家许涤新先生

① 莱斯特·布朗：《B 模式：拯救地球 延续文明》，东方出版社，2003 年，第 185 页。

② 该书自出版以来，已经被看做是“对于每一个关心可持续发展的人都必不可少的读物”。该书的思想也引起了学术界的广泛争论，戴利本人将它们归之为是常规科学与革命科学的争论。但不管什么人，即使戴利的学术对手，都不得不承认他对环境和可持续发展问题思考的深刻性、系统性和革命性。

③ 滕藤：《我国生态经济学 20 年回顾》，黄正夫、吴国琛主编《中国生态经济：理论与实践》，山西经济出版社，2001 年，第 6 页。

组织一批青年学者编写出版了《生态经济学》一书，此后，中国生态环境保护理论研究如雨后春笋，成果不断涌现，先后出现上百种生态经济学方面的教材和著作①，分别对生态经济的基本范畴、基本理论和实践进行了全面的研究。提出了生态平衡、生态价值、生态产品、生态创新、生态文明等生态经济范畴和概念，建立了生态经济协调发展理论②。

20 世纪末，我国一批生态经济学者开始转向研究可持续发展经济学，用可持续发展思想和理论研究中国的生态环境经济问题，并且取得了一批学术成果。刘思华先生较早地开展可持续发展经济学研究，并于 1997 年出版了国内第一部《可持续发展经济学》教材。随后，国内可持续发展经济学方面的著作不断涌现。据不完全统计，目前仅以《可持续发展经济学》为书名的就有 7 部③，其他相关著作和文献不断涌现。其中，由一批青年生态环境经济学者撰写、中国环境科学出版社出版的《经济可持续发展论丛》④产生了较好的影响。这些研究中都涉及了生态经济、环境保护和资源利用等问题。

此外，20 世纪中后期以来，资源与环境经济学作为一门新兴学科也逐渐发展起来。该学科运用传统微观经济学的理论方法和模型分析资源环境问题，将外部性、公共物品、产权和福利经济学的基本理论引入环境污染、生态破坏、资源持

① 据笔者不完全统计，代表性的出版物有：《生态经济学》（许涤新，1987），《理论生态经济学若干问题研究》（刘思华，1989），《生态经济学概论》（姜学民，1985），《生态经济理论与方法》（迟维韵，1990），《生态经济学》（姜学民、徐志辉，1993），《生态经济学原理》（王全新等），《生态经济理论与实践》（王干梅），《农业生态经济学》（王松霈等），《城市生态经济学》（马传栋，1989），《资源生态经济学》（马传栋，1995），《走向 21 世纪的生态经济管理》（王松霈，1997），《城市生态经济理论与实践》（陈予群），《农业生态经济学》（丁举贵等），《生态经济统计研究》（樊万选），《土地生态经济学》（王万茂等），《农业生态经济学》（尚杰，2000），《生态经济学原理与应用》（舒惠国，2003），《生态经济学》（陈德昌，2003），《生态经济学理论方法与应用》（徐中民等，2003），《生态需要的经济学研究》（柳杨青，2004）等。

② 1991 年在北京召开的中国 10 年生态与环境经济理论回顾与发展研讨会上，大会宣布，生态经济协调发展理论的建立与发展，是中国 10 年来生态经济学建设的一项重要成就。参见刘思华：《关于中国生态经济学发展的几个重大问题》，《刘思华选集》，广西人民出版社，2000 年，第 145 页。

③ 这 7 本可持续发展经济学的著作分别是：刘思华主编的《可持续发展经济学》（湖北人民出版社，1997），洪银兴主编的《可持续发展经济学》（商务印书馆，2000），马传栋主编的《可持续发展经济学》（山东人民出版社，2002），张锦高主编的《可持续发展经济学》（湖北人民出版社，2003），杨文进主编的《可持续发展经济学教程》（2005），钟茂初主编的《可持续发展经济学》（经济科学出版社，2007），钟茂初主编的《全球可持续发展经济学》（2011）。

④ 这套丛书由中国环境科学出版社出版，共有 10 本，分别是：《经济可持续发展论》（杨文进，2002），《经济可持续发展的科技创新》（沈满洪等，2002），《企业经济可持续发展论》（刘思华，2002），《可持续农业经济发展论》（林卿等，2002），《可持续区域经济发展论》（李欣广，2002），《经济可持续发展的制度创新》（刘传江，2002），《经济可持续发展的生态创新》（严立冬，2002），《经济可持续发展的人力资源开发》（贾华强等，2002），《可持续城市经济发展论》（马传栋等，2002），《可持续国际经济发展论》（石士均等，2002）。

续利用等问题中，出版了大量研究成果[①]。但与生态经济学和可持续发展经济学的研究不同，资源与环境经济学主要是传统经济学在资源环境领域中的应用，只是传统经济学研究范围的拓展，并不是革命性的范式改变。但这些研究同样为深入研究生态服务价值及补偿问题提供了学术积累。

1.2.2 生态服务价值研究

价值是一个古老复杂的话题，从斯密到李嘉图，价值理论一直是古典经济学的核心问题，随后的边际学派和新古典学派将价值与价格混为一谈。而生态服务价值则是一个相对较新的研究领域。关于生态系统服务功能或环境服务功能的研究始于1970年代。国际上较早对生态系统服务功能重视的是美国“生物圈2号”试验，该实验的结论是：“自然生态系统一直在为人类免费提供着生命保障服务，然而迄今为止尚无人知晓怎样才能建造出这样一个系统”。它的实际意义主要在于向人们展示了生态系统服务价值的巨大性。

迪克逊等[②]在《环境影响的经济分析》一书中要讲的重点就是为环境物品或服务或者环境质量变化的影响赋予货币价值，即经济评估。书中通过大量的案例展示了我们可以运用一些方法来评价环境物品的经济价值。迈里克·弗里曼[③]的《环境与资源价值评估——理论与方法》全面系统地介绍了环境和资源价值评估的理论和方法，这些方法的核心是利用人们的“支付意愿”（Willing to pay，WTP）或“受偿意愿”（Willing to accept，WTA）。书中首次系统地将新古典经济学的有关理论运用于环境和资源价值评估之中，并对价值的不确定性、风险评估模式、环境政策成本等问题进行了分析。1997年Daily主编的《自然的服务——社会对自然生态系统的依赖》的出版及科斯坦萨（Costanza）等的《世界生态系统服务与自然资本的价值》的发表，标志着生态系统服务的价值评估研究成为生态和生态经济学研究的热点和前沿。Farber和Costanza等（2002）论述了6种主要评估方法。Young、Gary（1972）较早评估水资源的娱乐价值，他们估计水面的娱乐价值为

---

① 由于国家在理论经济学学科专业中设有“人口、资源与环境经济学”这个二级学科，因此，关于该学科的教材和研究成果也更加丰富。代表性的出版物有：《环境经济学》（厉以宁、章铮，1995），《人口、资源与环境经济学》（杨云彦，1997），《环境与资源经济学概论》（马中，1999），《环境经济学》（姚志勇，2002），《人口资源环境经济学》（杨昌明，2002），《人口、资源与环境经济学》（张象枢，2004），《资源与环境经济学》（鲁传一，2004），《人口、资源与环境经济学》（邓宏兵，2005），《资源环境经济学》（汪安佑等，2005），《人口、资源与环境经济学》（钟水映、简新华，2005），《人口、资源与环境经济学》（王珍，2006），《环境与自然资源经济学》（第二版）（张帆、李东，2007），《资源与环境经济学》（沈满洪，2007），《生态经济学》（沈满洪，2008）。

② 迪克逊等著，何雪炀等译：《环境影响的经济分析》，中国环境科学出版社，2001年。

③ 迈里克·弗里曼著，曾贤刚译：《环境与资源价值评估——理论与方法》，中国人民大学出版社，2002年。

25～40 美元/km^2。随后对美国田纳西 Tennessee 流域、Snake 河 Hells 峡谷、科罗拉多 Calapoudre 河、新墨西哥州 Chama 河、亚利桑那州 Aravaipa 峡谷野生动物保护区、北卡罗来水库等河流或水库的河上泛舟和垂钓等娱乐活动的价值，主要研究了径流量和水质等变化对河流休闲娱乐功能的影响（Bayha K，Koski C，1974；Daubert J，Young R，1981）。评估方法主要采用了市场替代法、旅游费用法、概念模型、径流与流域生态服务关系的经验模型等。

1997 年，Costanza 等①综合了国际上已经出版的用各种不同方法对生态系统服务价值的评估研究，在世界上最先开展对全球生态系统服务价值的估算。他们把全球生态系统提供给人类的“生态服务”功能分为 17 种类型，把全球生态系统分为 20 个生物群落区，估算结果表明，目前全球生态系统服务的年度价值平均为 33 万亿美元，相当于同期全球国民生产总值（约 18 万亿美元）的 1.8 倍。科斯坦萨等人的研究引起了人们对生态服务的价值的极大关注，也为如何实现生态服务价值提供了学术平台。随后，关于生态服务价值及评估的研究成果如雨后春笋。Alexander②（1998）等也对全球生态系统服务价值进行了评估，结果为全球生态系统服务的年价值为 8 万亿～16.2 万亿美元，分别占当年世界 GDP 的 44%～88%（采用 1987 年美元），这与 Costanza 等人的估算差别较大。此外，Howarth 等③和 Sutton 等④也都对全球生态系统服务价值进行了研究，Pinentel 等对国际上有关自然资本与生态系统服务价值的研究结果进行了汇总分析，对世界生物多样性与美国生物多样性的经济价值开展了比较研究，估算出世界生物多样性的年度经济价值为 2.928 万亿美元。Seidl⑤（2000）等利用卫星遥感数据对巴西 Nhecolandia 地区的生态系统服务价值进行了估算，结果表明，该区生态系统提供的产品和服务总经济价值每年超过 155 亿美元。

国内方面，刘思华先生较早研究了生态价值问题，钱阔等研究了自然资产价值。近年来，国内学者也非常重视对生态系统服务价值的评估研究，采用西方学者的方法开展实证研究，取得了较多成果。张志强等（2001）将生态系统服务的价值评估研究分为 3 个层面：全球或区域生态系统服务的价值评估，单个生态系统服务价值的评估研究，生态系统单项服务价值的评估研究。目前国内在这几方

---

① Costanza R，et al. 1997. The value of the world's ecosystem services and natural capital. Nature. 387，253-260.

② Alexander A，List J，et al. 1998. A method for valuing global ecosystem services. Ecol. Econ. 27，161-170.

③ Howarth R B，Farber S. 2002. Accounting for the value of ecosystem services. Ecol.Econ. 41，421-429.

④ Sutton P C，Costanza R. 2002. Global estimates of market and non-market values derived from nighttime satellite imagery，land cover，and ecosystem service valuation. Ecol.Econ. 41，509-527.

⑤ Seidl A F，Moraes A S. 2000. Global valuation of ecosystem services：application to the Pantanal da Nhecolandia，Brazil. Ecol.Econ.33，1-6.

面的研究都取得了一些进展，郑景明等（2002）对森林生态系统的价值评估进行了综述及讨论，鲁春霞等（2001）对河流生态系统的休闲娱乐功能价值进行了研究，此外，学者们还对湿地、生物多样性等进行了大量研究，同时对区域生态系统服务价值也进行了评估。李金昌等人（1999）出版了《生态价值论》，该书全面总结了森林生态服务价值计量的理论和方法，并提出利用社会发展阶段系数来校正生态价值核算结果。戴星翼等的《生态服务的价值实现》一书是关于生态服务价值的权威著作，该书对生态服务的价值及其实现途径进行了全面创新性的研究。

从目前的研究现状来看，国内在进行生态系统服务价值评估方面，取得了许多可喜的进展，但总体上尚处于介绍引进国外相关理论，运用国外发展的各种评估方法，进行案例研究的初级阶段，在理论方法方面还需要进一步创新。

1.2.3 生态补偿研究

生态补偿是当前生态经济学的前沿问题之一，它的理论基础是生态服务价值理论。国外的文献中出现过 4 个描述“环境服务补偿机制”的术语：“payments for environmental services”、“markets for environmental services”、“rewards for environmental services”和“compensations for environmental services”。不同的术语选择反映了人们所期望获得的补偿机制：是多重代理之间的竞争性关系（markets），还是为回报服务进行公正和公平的奖赏（rewards），抑或是对服务的提供者所遭受的成本进行补偿（compensations）。有时，术语的选择也蕴涵着政治的、意识形态的含义，这反过来又会影响补偿机制能否得以实施。

污染损害补偿的典型是日本的《公害健康损害补偿法》，该法律建立了比较全面的环境外部性损害补偿体制。从财产保障角度较早进行环境补偿实践的是国际海事组织的两套早期条约：“1969 年原油污染损害的民事责任协定”（1969 Civil Liability Convention）和“1971 年关于原油污染损害的补偿基金建设国际协定”（1971 Fund Convention）。这两套国际条约从油轮泄漏导致污染损害的补偿方面最先提出了环境补偿实践。

21 世纪以来，联合国和全球环境基金（GEF）开展了大量关于环境服务付费（payments for environmental services）的研究，在哥斯达黎加、墨西哥、厄瓜多尔等国家进行了大量的案例研究。譬如，在生态补偿资金平台方面，来自国际组织和环境非政府组织的资金为环境服务补偿的重要启动资金。如在哥斯达黎加的生态市场项目（Ecomarkets program）中，世界银行提供了 3 280 万美元，全球环境基金投资了 800 万美元。世界银行正在与其他一些国家合作，通过贷款、技术援助和能力建设来开发环境服务补偿机制[①]。哥斯达黎加 1995 年就开始进行环境服务支付项目（Payments for Environmental Services Programme，PES），成为全球环境服务支付项目的先导。英国伦敦的国际环境与发展研究所（International Institute of Environment and Development，IIED）、美国的森林趋势组织（Forest Trends）分别就环境服务市场及其补偿机制在世界范围内对自发或政府组织推动的案例进行研究和诊断，以作为理论的探讨和市场开发的依据。

中国生态补偿的研究始于 1990 年代初期。中国的科学工作者借鉴国际上对生态系统服务功能研究的思路，对全国各种生态系统的服务功能进行了量化测算，揭示了生态系统的巨大价值，以及单纯以 GDP 为核算标准的经济核算体系的缺陷和环境生态效应的外部性造成的市场失灵，从而在理论上阐明了进行生态补偿的重要意义。

近年来，我国有关部门和各级政府结合自身的特点和需要，在生态补偿领域进行了一些有益的探索和尝试。例如，近几年来，在林业方面大规模地实施了以六大生态工程为主体的生态建设，并初步建立了森林生态效益补偿制度，流域之间的调水补偿也在地方和省域之间试行，在矿业、自然保护区以及农业、土地、草原等领域也采取了一些利用经济杠杆促进生态系统功能恢复和重建的措施。国家环境保护总局和世界银行于 2004 年 10 月 26—27 日，在北京联合举办了“生态保护与建设补偿机制及政策国际研讨会”，研讨会围绕国内外有关生态补偿的理论与实践进展、生态补偿机制的政策与法规保障体系、市场机制在重要资源开发与补偿中的应用等议题展开了研讨。2005 年 3 月，中国环境与发展国际合作委员会成立了生态补偿机制与政策研究课题组，由国家环境保护总局环境与经济政策研究中心、中国环境规划院、中国科学院地理科学与资源研究所以及中国矿业大学的专家、学者及有关的国际专家，共同参与这一课题的研究，对中国的生态补偿机制开始进行深入研究。

虽然国内关于生态补偿的研究日益深入，但仍然有一些问题需要深入研究和分析：①生态补偿的 3 个基本问题从未得到根本的解决。谁补偿谁，即补偿支付者和接受者的问题；补偿多少，即补偿强度的问题；如何补偿，即补偿渠道的问题[②]。②对生态补偿的理论缺乏深入研究。生态补偿的实质和根本目标不明确。生态服务功能价值评估技术方法，生态环境税费政策制定，生态环境保护的公共财政体制，生态保护的市场化政策和产业化政策，流域生态补偿机制和政策，自然

① 有关世界银行开展的“payments for environmental services”项目，可参见 http://www.worldbank.org/。

② 毛显强、钟瑜、张胜：《生态补偿的理论探讨》，《中国人口·资源与环境》，2002 年第 4 期。

资源核算和绿色 GDP 核算等都还缺乏深入的理论分析。③关于生态保护和建设中的外部性如何补偿有待进一步研究，目前我们对生态破坏的损失评价及补偿方式开展了大量研究，但对生态保护和建设中的外部性补偿还缺乏深入研究。④在实践中面临法制、体制和机制不完善的问题，执行相关政策的部门行政色彩浓厚，使补偿不到位，或者补偿受益者与需要补偿者相脱节。

1.3 主要研究内容及框架

1.3.1 主要研究内容

本书共分为导论、正文（共 6 章）、结束语等部分，各章主要研究内容如下。

第 1 章，导论部分对生态补偿的背景、国内外研究现状进行了评述。首先，从科学研究基础、实践进展和政治意愿 3 个方面介绍生态补偿的背景和意义；其次，从生态经济、生态服务价值、生态补偿 3 个方面对国内外的研究现状进行评述。

第 2 章，从可持续发展的视角对生态服务及其与经济发展的关系进行介绍和分析。本章主要是对生态服务的概念及外延进行界定，为全书的分析提供基础。同时，还从历史和理论的角度对生态服务与经济发展的关系进行分析，以阐明生态服务对经济社会发展的重要性，为后面研究生态服务价值提供基础。

第 3 章，着重讨论生态服务的价值及评估问题。首先，在回顾传统价值理论的基础上对生态服务的价值理论及其构成进行讨论；其次，对目前国内外生态服务价值评估思路与方法进行总结，并提出创新性的见解。

第 4 章，讨论生态服务价值的补偿理论问题。生态服务价值的补偿包括污染损害补偿和生态保护建设效益补偿两大类，本书重点讨论后者。作者将生态补偿看做是实现生态服务价值的主要形式，对其概念、内涵、性质、目标等基本内容进行探讨，这部分还对生态补偿的理论依据、国内外的实践情况进行了评述。

第 5 章，讨论生态补偿机制问题。主要对生态补偿的原则、补偿主体与对象、补偿标准与期限、补偿资金来源、补偿途径等问题进行较深入的分析，在分析过程中提出创新性的见解。

第 6 章，讨论实施生态补偿的保障措施。主要分析绿色国民经济核算体系、排污收费和排污权交易、法律法规保障体系以及其他有助于生态补偿的保障措施。

第 7 章，是一个案例分析。以云南省怒江生态保护为例，讨论为保护生态而牺牲发展的行为的补偿机制。

1.3.2 全书结构框架

本书的结构框架如图 1-1 所示。

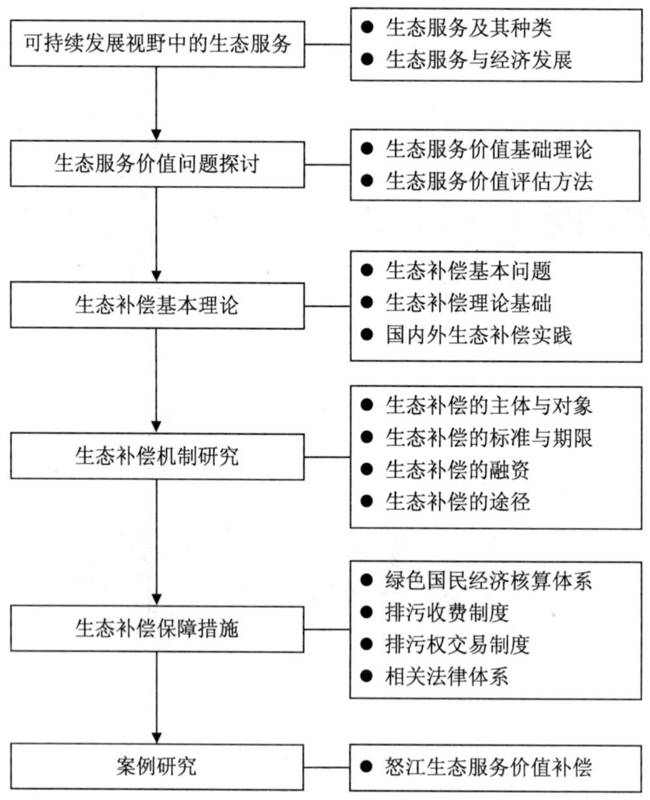

图 1-1　全书框架结构

第 2 章

可持续发展视野中的生态服务

生态系统一直在为人类提供各种必要的服务或资源，但生态服务得到经济学的关注还是由于可持续发展思想的产生和发展。此后，生态服务与经济发展的关系成为学术界研究的主要问题之一。

2.1　可持续发展思想的产生与发展

可持续发展理论的产生源于经济发展与环境、资源之间的矛盾。20 世纪中后期以来，科学技术日益进步，经济高速增长，社会全面发展，人类在工业化过程中取得了前所未有的成绩。另一方面，工业化进程对资源和生态环境的过分依赖和破坏以及由此带来的问题日益明显：资源日益耗竭、环境日益恶化、经济增长日趋困难。例如，1930—1960 年代，工厂与城市公害事件就不断出现，主要有所谓的“八大公害”事件①，从而引起了公众对环境问题的关注。

可持续发展观的起源可追溯到 1950—1960 年代。1962 年，美国生物学家蕾切尔・卡逊在《寂静的春天》中描绘了一幅由于滥施农药使春天变得死一般寂静的景象，引起了人们对传统发展模式的反思。1972 年，美国 D・梅多斯等人向“罗马俱乐部”提交了《增长的极限》报告，将全球性问题归结为世界人口、粮食供应、工业增长、环境污染、不可再生资源五大方面，通过模型分析得出了增长的

① 这“八大公害”事件分别是：马斯河谷烟雾事件（1930，比利时）、富山骨痛病事件（1931，日本）、洛杉矶光化学烟雾事件（1943，美国）、多诺拉烟雾事件（1948，美国）、伦敦烟雾事件（1952，英国）、熊本水俣事件（1953，日本）、四日市哮喘病事件（1955，日本）、爱知米糠油事件（1968，日本）。这些公害事件震惊了当时的世界。

极限问题，并提出“零增长”“工业发展退一步”等理论来解决增长极限的难题。同年，联合国在瑞典斯德哥尔摩召开了“人类环境会议”，这次会议虽仅限于环境污染，未能将环境污染与经济和社会发展联系起来，但却唤起了全世界的环境觉醒和对环境保护工作的重视，并引发了世界第一次环境保护浪潮，会议发表了划时代的《斯德哥尔摩人类环境宣言》。从那时起，可持续发展逐渐成为人们关注的问题。

1987 年，以挪威首相布伦特兰（Brundfland）夫人为主席的世界环境与发展委员会（WCED）向联合国提交了《我们共同的未来》（Our Common Future）的报告，明确提出了“持续发展”（Sustainable Development）的概念，并将其定义为“既能满足当代人的需要，又对后代人满足其需求能力不构成危害的发展”。其后，我国在制定《中国 21 世纪议程》时，译为“可持续发展”。1992 年 6 月在巴西里约热内卢召开的联合国环境与发展大会上，通过了《里约热内卢环境与发展宣言》和《21 世纪议程》，将可持续发展概念和理论付诸于行动，并对“可持续发展”提出了补充：一部分人的发展不能损害另一部分人的条件。随后，在联合国多次有关以“人类环境与发展”为主题的大会上，可持续发展作为一种新的社会发展模式，为越来越多的国家所接受。1990 年代中后期，国际社会又提出实行环境友好土地利用和环境友好流域管理，建设环境友好城市，发展环境友好农业、环境友好建筑业等。2002 年召开的世界可持续发展首脑会议所通过的“约翰内斯堡实施计划”多次提及环境友好材料、产品与服务等概念，并正式提出了“环境友好”（Environmentally friendly）理念，并将经济发展、社会进步和环境保护作为可持续发展的三大支柱。2004 年，日本政府在其《环境保护白皮书》中提出要建立环境友好型社会。与此同时，美国、德国等发达国家纷纷开始采取清洁生产、循环经济等生产理念，以节约资源和保护环境。

可持续发展思想的产生与发展为研究生态服务的价值、保持生态资本提供了理论基础和现实背景。从某种意义上讲，可持续发展是一种在生态边界内的经济发展。为了实现可持续发展，必须要维持生态资本存量不变或略有增加。在弱可持续发展准则下，生态资本的总量应该保持不变或略有增加，而在强可持续发展准则下，不仅要维持生态资本总量不递减，而且某些关键资本也要保持一定的数量。判断可持续发展的真正问题是生态资本的替代性问题。资源乐观主义者认为如果某种资源 A 在经济意义上变得稀缺，其价格会上升，从而会引发下列 4 种不互相排斥的效果：①对资源的需求从 A 转移出来，另一种资源 B 成为资源 A 的经济的替代品；②勘探和开采更多的资源 A 或使它循环使用变得经济了，结果资源 A 的价格再次下降，从而标志着该资源的经济稀缺的缓解；③人造资本将替代资源 A；④把更多的努力投入到技术和科学的进步中去，以减少每单位产出所需要的资源数量。对于这些效果，埃里克·诺伊迈耶都进行了否定的分析。其结果告诉我们在处理资源问题上要抱有谨慎的原则，必须维持足够的生态资本存量。

2.2 生态服务及其种类

2.2.1 生态系统与生态服务

自 1935 年 Arthur Tansley 提出了最初的生态系统概念，以及 1940 年代早期 Raymond Lindeman 首次进行生态系统方面的定量研究，从而使得生态系统开始成为一个研究单位以来，到目前为止还不足 100 年的时间。生态系统这一概念由 Eugene Odum 编写的第一本教科书是于 1953 年出版的。Tansley 对生态系统的表述包含这样一句话："不仅包括生物复合体，而且包括由构成我们所谓的环境的各种自然因素组合而成的整个复合体。"①

卢伯钦科（Lubchenco，1998）在世界著名杂志《科学》上关于生态服务有精辟的论述②。生态系统——从湿地、森林、珊瑚礁和冻土到卓地、藻床、河口和海洋——提供给人类广泛的必需品和服务。它们是地球上所有生命的生存支持系统。生态产品和服务是我们理解生物多样性、气候、土地转化、同温层臭氧、水、氮等变化对人类中长期影响的关键环节，道理很简单，人类社会及其繁荣依赖多样性和起调节作用的生态系统，而这种作用机理我们刚开始了解到。

大多数人都能意识到人类对于自然的索取：如海产品、家畜、饲料、木材、药品、基因等。我们一直在购买、销售和经营这些物品，而直到最近，人们才稍稍意识到我们还受益于自然生态系统所给予的另一种恩惠——基本生存支持服务，没有它，人类文明就会停滞。这种生态服务包括空气和水的净化，旱涝的缓解，废弃物的去除和分解，土壤及其肥力的增加和恢复，作物和天然植物的授粉，对多数潜在农业害虫的控制，种子的传播和养分的调节，生物多样性的维护。它提供了工业、医药、农业得以进行和发展的要素，防止太阳紫外线的有害作用，气候的局部稳定，调节温度，风力和潮汐，支撑人类文化的多样性，满足人类审美和益智的需要。

---

① 张永民译：《生态系统与人类福祉：评估框架》，中国环境科学出版社，2007 年，第 51 页。

② 资料来源：Jane Lubchenco . Entering the Century of the Environment：A New Social Contract for Science. Science，1998，Vol. 279，23 January 1998. 转引自中国科学院可持续发展研究组：《2000 中国可持续发展战略研究报告》，科学出版社，2000 年，第 229-230 页。

美国生态协会指出，基于已有的科学证据，可以确信：①生态服务是人类文明所必需的；②生态服务的作用范围如此之大，运作方式如此之复杂，因此其绝大部分不能为技术所替代；③人类活动已经在大范围内危害了生态服务的流动；④如果这种势头继续的话，人类在数代以内就会把现有的生态系统做出显著的实质性改变；⑤很多人类活动改变或者破坏了自然生态系统，导致了生态服务的退化，所带来的损失，从长期来看，减少了其带给社会的短期利益；⑥从全球来看，丰富的物种和众多的生物物质是维持生态服务所必需的；⑦如果采取适当的行动，很多生态系统的功能将被恢复。

土地利用和开发的政策会有力地维持至关重要的生态服务，并追求与有价值的经济发展目标之间的平衡。一般来讲，生态系统服务与生态系统功能有对应的关系，但许多学者都认为这并不是绝对的，两者时常有重叠和交叉现象。

生态系统服务是一个相对较新的概念，它是在 1960 年代后期才被首次使用的（King，1966；Helliwell，1969）。但是在过去的 10 年当中，有关生态系统服务的研究却已经取得了显著的进展（Costanza et al.，1997；Daily，1997；Daily et al.，2000；De Groot et al.，2002）。生态系统服务的定义也有多种，其中两个通常被引用并且具有一定代表性的是：

- 生态系统服务是指自然生态系统及其组成物种得以维持和满足人类生命的环境条件和过程。它们可以维持生物多样性和各种生态系统产品（如海产食品、草料、木材、生物燃料、天然纤维，以及许多医药用品和工业产品及其生产原料）的生产（Daily，1997）。
- 生态系统的产品（如食物）与服务（如同化废弃物）是指人类直接或间接地从生态系统的功能当中获得的各种惠益（Costanza et al.，1997）。

从上述定义，我们可以简单地认为生态服务是指人类从生态系统获得的各种惠益。它既包括生态系统提供的各种产品，也包括生态系统提供的各种服务。

2.2.2 生态服务的特点

从经济学的角度看，生态服务具有以下一些特点：

（1）自然性。一般认为，无论是自然资源还是自然环境，它们都是天然形成的。按照马克思的劳动价值论，由于生态服务没有凝聚人类的无差异劳动，因此没有价值，也就没有价格。按照西方主流经济学的均衡价格理论，虽然生态服务对人类非常重要，但是由于这种服务非常充裕，以至于它们的边际成本和边际效用非常低，从而导致生态服务有一个非常低的均衡价格。随着人类社会的发展，自然资源和自然环境越来越多地打上人类活动的烙印，生态服务的自然性特点也面临着改变。

（2）稀缺性。在人类社会发展的初期，经济活动规模较小，无论是对自然资源的需求还是向自然界排放的废弃物都是较少的，完全在自然界的承载范围之内。这时，相对于人类的需要，生态服务是充裕的。但随着科学技术的进步，人类经济活动规模的不断扩大，人类利用自然的深度和广度也在加强。此时，相对于人类经济活动的需求而言，大量的生态服务已经出现稀缺性。譬如，纯净的水、清洁的空气在许多地区已经成为稀缺物品。还有一些不可再生资源（如煤、石油、矿藏等）自身会逐渐耗竭。

（3）外部性。外部性是指某个经济活动主体的行为影响到了其他经济活动主体，但没有得到补偿的行为。社会之所以往往不能在经济产值同环境质量之间建立起一种适当的经济联系，其原因在于，许多污染所引起的费用并非由污染者来承担，而由他人、由社会来承担，这称为“外部性”。结果，环境污染与生态破坏这种“外部性”的费用并没有反映在造成污染（或破坏）的生产成本之中。只要污染的代价不是由污染者来承担或由其产品的消费者来承担的现象继续存在，社会经济活动所创造的福利中间的一部分，总会在再分配的过程中，从污染受害者手中转移到社会的其他一些人（如污染者）的手里。如果污染的总代价（资源、生态与公众健康的损失）超过了污染者及其产品的消费者所获得的利益时，这样的生活活动便是“无效”劳动，即社会的总财富并没有由于进行了该生产活动而得到增加。

（4）公共物品性。公共物品是指那些不能专供一个人享用而是供其他许多人同时享用的物品。公共物品一般具有两个特点，即非排他性和非竞争性。非排他性是指物品一旦生产出来很难不让其他消费者消费，如国家安全和清洁的空气，每个人都能享受，很难做到只让某些人消费而不让其他人消费；非竞争性是指增加一定的消费者数量而不降低原有消费者的消费，如公海中的灯塔，多一只船和少一只船经过，对灯塔本身都没有影响。在市场经济体制下，由于价格机制难以反映这种特点，因此，公共物品的供给经常低于实际需求，需要政府加以干预。

生态服务具有公共物品的特点，人们可以自由地、免费地、长期地使用它而不必付出任何的代价。加勒特·哈丁（Hardin）在他的名作《公地悲剧》一文中提出了一个对所有人都开放的公用牧场所面临的问题。由于牧场是公用的，而牲畜是个人的，所以，甚至在牛的总头数已经开始超出草地的承载能力时，每个牧民都还认为，继续增加他所拥有的牲畜头数，对他个人来说是有利的。增加一头或更多牧畜的全部效益都归他个人所有，而草场过度放牧的绝大部分代价却由其他牧民分担了。由于所有的牧民都会这样想和这样做，结果公用牧场上的这种个人自由给全体牧民带来了灾难。当然，如果采取一定的措施，牧场还是比较便于管理的。可是，空气和水就不像土地那样是能够用栏杆围起来的。

除此之外，生态服务还具有整体性、空间分布不均衡性等特点。生态系统提供的服务通常是互相联系的，如森林提供的生态服务，既能调节气候，又能保持水土，还能提供木材等，这些服务具有整体性，如一棵树不能调节气候，两棵树、二十棵树、二百棵树都不行，必须是整个森林才能起到调节气候的作用。生态服务是由生态系统产生或提供的，但不同的区域具有不同的生态系统结构，从而有不均衡的生态服务。例如，贵阳的夏天气候宜人，而武汉的夏天气候非常炎热，其原因主要在于两地的生态系统结构不同。

2.2.3 生态服务的分类

关于生态系统服务的分类，目前已经存在不同的划分方式[①]：科斯坦萨将生态服务分为 17 种：大气调节、气候调节、扰动调节、水调节、水供应、侵蚀控制、土壤形成、营养物循环、废物处理、花粉传授、生物控制、栖息地、食物生产、原材料、遗传资源、娱乐和文化服务，等等。国际千年生态系统评估项目组的专家们将它们分为供给服务、调节服务、文化服务和支持服务四大类（表 2-1）。

表 2-1 生态系统服务的种类

供给服务	调节服务	文化服务
从生态系统获得的各种产品：	从生态系统过程的调节作用中获得的各种惠益：	从生态系统获得的各种非物质惠益：
■ 食物	■ 气候调节	■ 精神与宗教
■ 淡水	■ 疾病调控	■ 消遣与生态旅游
■ 薪材	■ 水资源调节	■ 美学
■ 生化药剂	■ 净化水质	■ 灵感
■ 遗传资源	■ 授粉	■ 教育
		■ 故土情结
		■ 文化遗产
支持服务		
对于所有其他生态服务的生产必不可少的服务		
■ 土壤形成	■ 养分循环	■ 初级生产

资料来源：张永民译：《生态系统与人类福祉：评估框架》，中国环境科学出版社，2007 年，第 58 页。

① 余瑞祥（2000）认为，大自然为人类提供两类服务。一类是人类辛勤劳作的条件和对象，获取这种服务需要人类改造自然，如耕地资源、矿产资源、森林资源、渔业资源等，可以称这类服务为“资源服务”。另一类是无须人类耗费劳动和资本就自发地、免费地提供的服务，如大气层、水循环、碳循环、废弃物的净化等。获取这类服务需要人类顺从自然，保护自然，称这种服务为“生态服务”。

（1）供给服务。指人类从生态系统获取的各种产品，它们包括：

- 食物和纤维：包括取自植物、动物和微生物的大量食物产品，以及从生态系统获得的各种原料（如木材、黄麻、大麻、丝绸及许多其他产品）。
- 薪材：木材、牲畜粪便，以及用作能源的其他生物原料。
- 遗传资源：包括用于动植物繁育和生物工艺的基因和遗传信息。
- 生化药剂：许多医药、生物杀灭剂、食物添加剂和生物原料都来自生态系统。
- 淡水：它表现的是供给服务和调节服务之间的联系。

（2）调节服务。指人类从生态系统过程的调节作用当中获取的各种惠益，它们包括：

- 气候调节：生态系统既对局地气候产生影响，同时也对全球的气候产生影响。
- 疾病调控：生态系统的变化可以直接改变人类病原体（如霍乱）的多度（abundance），同时还可以改变带菌媒介（如蚊子）的多度。
- 水资源调节：径流的发生时间和规模、洪水和蓄水层的补给都会受到土地覆被变化的强烈影响，特别是指改变系统储水潜力的那些改造活动，如湿地的转化，或者森林向农田的转换，或者农田向城市的转换。
- 净化水质：生态系统不但是淡水杂质的释放源，而且还可以帮助滤除和分解进入到内陆水域和海滨及海洋生态系统的有机废弃物。
- 授粉：生态系统的变化可以影响传粉者的分布、多度和效力。

（3）文化服务。指人们通过精神满足、认知发展、思考、消遣和美学体验而从生态系统获得的非物质惠益，它们包括：

- 精神与宗教：许多宗教是把精神与宗教价值寄托于生态系统或者其组分之上的。
- 消遣与生态旅游：人们对空闲时间去处的选择，在一定程度上通常是根据特定区域的自然景观或者栽培景观的特征作出的。
- 美学：许多人可以从生态系统的多个方面发现美的东西或美学价值。
- 灵感：生态系统可以为艺术、民间传说、民族象征、建筑和广告提供丰富的灵感源泉。
- 教育：生态系统及其组分和过程可以为许多社会提供开展正式和非正式教育的基础。
- 故土情结：许多人认为与他们的生活环境中已被认同了的特征有关的“故土情结”具有重要价值。

➢ 文化遗产：许多社会对维护历史上的重要景观（人文景观）或者具有重要文化价值的物种赋予了很高的价值。

（4）支持服务。指生产其他所有的生态系统服务而必需的那些生态系统服务。这类服务与供给服务、调节服务和文化服务的区别在于，它们对人类的影响要么是通过间接的方式，要么是发生在一个很长的时间。然而，其他类别的生态系统服务的变化则是对人类产生相对较为直接的短期影响。

2.3 生态服务与经济发展

2.3.1 环境与人类文明的案例考察

人与自然的关系方式在采猎社会、农业社会、工业社会中是不同的。采猎社会中，狩猎者与采集者都属于“自然界中的人”，对狩猎者与采集者来说，大自然仿佛是一位永恒的母亲，资源的乳汁似乎取之不尽、用之不竭。那时人类主要通过肌体来与自然界打交道，自然界是如此庞大，人类活动对自然界的影响又是如此渺小。此时的人类主要通过适应自然来求得生存。在农业社会，人类已从狩猎者和采集者那种“自然界中的人”变成了农民、牧民和城市居民这种开始“与自然对抗的人”。而工业社会里，人类创造了比农业社会更高的物质文明和精神文明。工业化使人类与自然对抗的能力大大提高，人们越来越超脱自然、脱离土地，工业社会中的人完全是以“征服自然、改造自然者”自居。笔者认为，当代生态环境问题的一个重要原因在于人类中心主义，即认为人是万能的，将人置于自然界之上[①]。

其实在农业社会阶段，人类对自然资源、土地的掠夺式利用就已造成了对自然的有效污染和自然资源的退化，虽然是局部的，但其结果则是可见的。历史上有几个资源基础破坏导致文明衰落的典型例子[②]：①复活节岛文明的衰落。历史记载，复活节岛是世界上最为遥远的有人居住的地方之一，存在着证据表明岛上曾经有过一个繁荣和发达的时期，但在18世纪时已衰落了。它的衰落有人称为“复活节岛之谜”，实际上一个重要的原因就是岛上资源的枯竭，人们为了将重达数十吨的石像从岛的一端运到另一端，竖立在“阿胡”[③]（ahu）上面，不得不砍伐大量

① 在目前的许多政治经济学教科书中，将生产力定义为“人类征服自然、改造自然的能力”，笔者认为，这种认为人类可以征服自然的思想即是人类中心主义的重要体现。

② 案例来自克莱夫·庞廷：《绿色世界史——环境与伟大文明的衰落》，上海人民出版社，2002年。

③ “阿胡”：指岛上居民祭祀时，用做主要祭坛的石头平台。

的树木来做滚木，过度砍伐木材而使岛上的树木减少，最终导致大规模的环境退化。②苏美尔文明的衰落。公元前 3000 年左右，苏美尔人在底格里斯河和幼发拉底河流域的下游建立了城邦，这也是世界上最早的文明发源地之一。由于自然资源状况的恶化、耕地的减少、土地盐碱化的泛滥和人口的增长，最终导致苏美尔文明的衰落。③地中海文明的衰退。地中海文明包括地中海地区的各个文明，主要的有黎巴嫩地区的腓尼基文明、古希腊文明和古罗马文明，以及北非和小亚细亚地区的文明。历史从这个地区找到了例证，很有说服力地证明了文明人是怎样毁坏了自己的生存环境又最终导致文明衰落的。④玛雅文明的消亡。第一个鼎盛时期的玛雅文明大约在公元 900 年神秘地自行毁灭了；第二个鼎盛时期出现在两个世纪之后，在原地址以北 250 km，也在 15 世纪、16 世纪前后突然消失了。考古发现，玛雅文明的消亡与此地区人口过多、森林破坏、土壤流失等直接相关。⑤丝绸之路沿线文明的衰亡。丝绸之路曾经繁荣一时，但现在丝绸之路沿线的古文明已消失在荒漠之中。丝绸之路沿线文明的衰亡，固然与气候变干、降水量减少、冰川融水萎缩、河流断流、水系改道等自然因素的波动有关；但土地的过度开垦、水资源和生物资源的不合理利用、天然植被的破坏，以及盛唐以后民族纷争不断、战火摧残农业、灌溉兴废无常等人为因素也是非常重要的原因。这些文明的衰落都与自然环境有关，正是人们过度利用资源或环境退化引起了文明的衰落，正如庞廷写道："如同复活节岛，地球也只有有限的资源来支撑人类社会及其全部需求"。由此可见，资源环境是人类生产生活的重要物质基础，同时，由于资源供给的有限性和生态环境承载力的有限性，保护生态环境就成为人类共同的理性选择。

2.3.2　经济活动的生态边界

经济活动有没有边界，它能不能无限制地增长下去？特别地，经济活动与生态环境的关系如何？虽然早在很久以前，经济学家就将土地看成是财富之母，但人们始终认为，自然环境不过是人类经济活动的对象，并不会影响经济的持续发展。随着资源环境问题的严重，这一话题再次引起了人们的关注。

戴利提出了经济活动的规模问题，指出相对于生态环境，经济活动应该有一个适当的规模。在图 2-1 所示的模型中，生态系统是不变的，经济活动的规模不断增长，当经济活动的规模较小时，他称之为"空的世界"，即自然资本比较充裕；而当经济活动的规模增长到生态系统的边界时，则转变为"满的世界"，此时，经济活动的发展将受到生态系统的制约[①]。

---

① 赫尔曼·戴利：《超越增长——可持续发展经济学》，上海译文出版社，2001 年，第 68 页。

由于生态系统随经济增长其规模保持不变，因此经济在一段时间后相对于其被包含的生态系统就必然要变大。图 2-1 表示了从“空的世界”到“满的世界”的转变。关键是人类经济的演化已经从人造资本是经济发展限制因素的时代进入了剩余的自然资本是限制因素的时代。

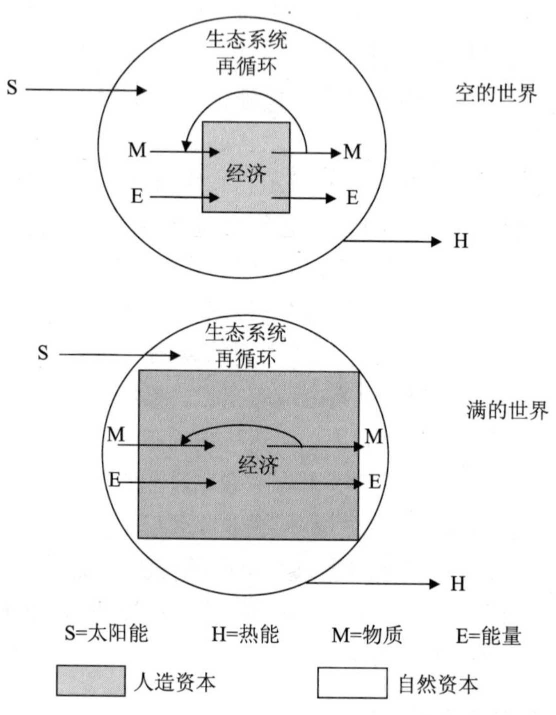

图 2-1　作为生态系统的开放子系统的经济

与戴利的思想类似，雅各布（Jacobs，1991）勾画了一个经济活动与生态环境的边界关系图[①]。从图 2-2 中可以看出，将经济活动的环境影响保持在临界自然资本之内是最基本的要求。如果经济活动的环境影响超过了可持续性边界，那么，经济与生态系统的不可持续和崩溃将是不可避免的。雅各布指出全球的经济运行已经超越了可持续的边界，而布伦特兰发起的现行政策的目的就是确保经济活动不超过可持续的边界。将经济活动置于可持续发展限制之中的原因是我们承认预防原则的重要性，承认我们对于如何处理同我们的星球，同我们星球上的其他栖息者之间的关系的知识还很贫乏。

① 伊恩・莫法特著，宋国君译：《可持续发展——原则、分析和政策》，经济科学出版社，2002 年，第 33 页。

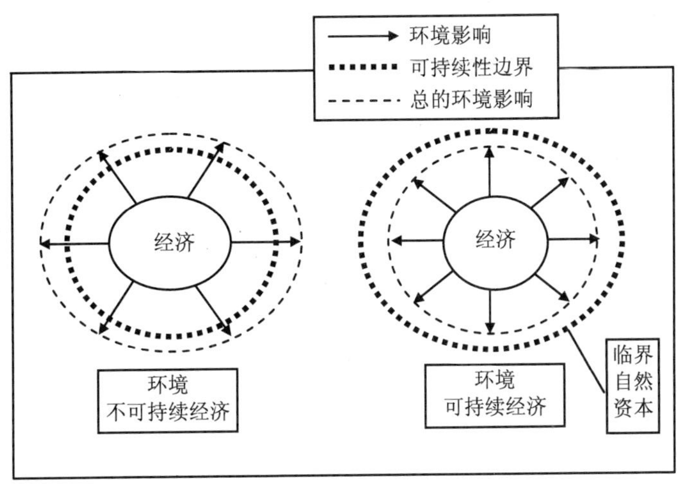

图 2-2　环境影响、福利和可持续性边界的最低生态安全线

2.3.3　人与自然关系的论战

在理论上，关于人与自然的关系历史上曾有过两次较有影响的讨论。

第一次，在 18 世纪末 19 世纪初，其主要理论成果是与李嘉图—马尔萨斯的名字相联系的悲观经济学。李嘉图认为土地的固定供给必将导致报酬递减，马尔萨斯（Thomas Robert Malthus，1798）在分析了人口增长的危害性后，引发了资源（粮食）不安全的结论。他认为，不变的土地供给，对人口持续正增长趋势的假设以及农业上的报酬递减，预示着在长期中每单位资本的产出将呈现下跌趋势。因为人口是按几何级数增长，而粮食是按算术级数增长的，故粮食安全将成为人类的最后屏障。杰文斯（Jevons）在《煤炭问题：对有关国家的发展和我们煤矿资源可能耗竭问题的探讨》一书中，认为不可再生资源（特别是煤）被耗竭的可能性是制约工业化国家（如英国）经济增长的最大威胁，他甚至认为不可再生资源（如煤）的存量是英国经济增长的绝对界线。

第二次，在 1970 年代初期，以罗马俱乐部的《增长的极限》（1972）为代表，认为耗竭性资源会成为经济增长不可逾越的障碍。1972 年，由梅多斯（Meadows）等人组成的罗马俱乐部向联合国提交了《增长的极限》报告，该报告将全球性问题归结为世界人口、粮食供应、工业增长、环境污染、不可再生资源五大方面。特别需要指出的是，在谈到不可再生资源时，该书的作者是极其忧虑的（但不是恐惧的）。他们认为如果按照目前的发展模式持续下去，许多不可再生资源将不足以支撑全球的经济增长，并最终将迫使人类经济活动达到某种极限。现代经济学家汪丁丁（1993）曾将不可再生资源的开采设想为一个初始量给定的，只能流出不能流进的水池。流出的水相当于被开采的资源，这就产生了怎样放水才能使总的利益最大化的“放水问题”。因而面对总量不但不会增加而且会随着时间的推移而减少的不可再生资源，以什么样的速率进行开采利用是一个关键问题。

从历史上看，对人与自然关系的忧虑都是发生在长期高速增长的时期，所谓悲观经济学是英国工业革命胜利及其所推动的长期高速增长的产物，所谓增长的极限则是战后资本主义“黄金时期”的理论反思。中国自 1970 年代末以来持续了近 30 年的高速经济增长，人与自然的矛盾日益尖锐，已经引起国内外对中国的资源环境问题的高度关注。

第 3 章
生态服务价值及评估

如同谚语所讲："女人的家务永远干不完"——也得不到公平的补偿——这一点对大自然母亲来说是再正确不过的了。大自然的很多努力都有着巨大的、明显的价值，但一直得不到市场的重视，直到 20 世纪后期，这种情况才有所改变。1997 年 Daily 主编的《自然的服务——社会对自然生态系统的依赖》的出版以及 Costanza 等学者的文章《世界生态系统服务与自然资本的价值》的发表，标志着生态系统服务的价值评估研究成为生态经济学研究的热点和前沿。特别是 Costanza 等人首次系统地测算全球自然环境为人类生态系统提供服务的价值，并将研究成果发表在《自然》杂志上，从而掀起了学术界对生态系统服务功能价值的研究热情①。

3.1　价值理论

在讨论生态服务的价值之前，简要回顾价值理论的发展过程是必要的。特别地，笔者将谈到经济学家从生态服务无价值论到承认生态服务价值的转变，以及如何评估生态服务的价值。

3.1.1　"价值悖论"及其解释

亚当·斯密在他的经典著作《国民财富的性质和原因的研究》中区分了使用价值和交换价值后写道："使用价值很大的东西，往往具有极小的交换价值，甚或

① *Ecological Economics* 杂志（1995 年、1998 年、1999 年和 2002 年等）几次出版专论对生态服务价值予以讨论。2000 年前后，中国学者也开始重视生态系统服务功能价值评估，并进行了大量的实证研究。

没有；反之，交换价值很大的东西，往往具有极小的使用价值，甚或没有。例如，水的用途最大，但我们不能以水购买任何物品，也不会拿任何物品与水交换。反之，金刚钻虽几乎无使用价值可言，但须有大量其他货物才能与之交换。”[①]

这即著名的“价值悖论”，也称为“钻石与水的悖论”。“价值悖论”直到16世纪才得到解决，马克思主义政治经济学和新古典经济学分别用劳动价值论和均衡价格理论进行了解释。

马克思主义政治经济学坚持劳动价值论，认为劳动创造价值，并且是抽象劳动创造了产品的价值。因此，产品是否有价值的标准就是是否凝结了人类一般抽象劳动，其价值多少由社会必要劳动时间决定。马克思用劳动价值论解释了“价值悖论”：由于金刚钻在地壳中是很稀少的，因而发现金刚钻平均要花很多时间。因此，很小一块金刚钻就代表很多劳动。而水在自然界是如此之多，以致用较少的劳动就能得到大量的水。由于金刚钻凝聚了的人类劳动大大多于同样数量的水，因此，它的价值也远高于水。

新古典经济学认为商品的价格是由成本和效用共同决定的，它舍弃了价值的本质，经常将价值与价格混为一谈，只是分析价格的决定和影响因素。因此，商品有无价格或价格大小是由供求关系决定的，归根到底是由商品的稀缺性决定的。萨缪尔森用均衡价格论回答了“价值悖论”。一方面，自然界的水非常充裕，从而水的边际成本很低。另一方面，水的充裕又使其边际效用也非常低，较低的边际成本和边际效用使水的均衡价格在一个较低的水平上，甚至没有价格。相反，由于自然界的金刚钻很稀少，从而金刚钻的边际成本很高，其带给人的边际效用很高，较高的边际成本和边际效用使金刚钻的均衡价格在一个很高的水平上。

3.1.2 价值理论回顾

（1）劳动价值论。威廉·配第在《赋税论》中第一次提出劳动创造价值的命题。他的经典名言“土地是财富之母，劳动是财富之父”体现了劳动的重要性。配第把价格区分为“自然价格”和“政治价格”，前者指商品的价值，后者指商品的价格。他认为价格（政治价格）随着供求关系的变动而不断变化，但波动的中心是“自然价格”。但配第认为并非所有的劳动都创造价值，只有生产货币（即白银）的劳动才创造价值。

古典经济学的开创者亚当·斯密（Smith）在其经典著作《国民财富的性质和

---

① 斯密著，郭大力、王亚南译：《国民财富的性质和原因的研究》（上卷），商务印书馆，1974年第1版，2005年第13次印刷，第25页。

原因的研究》中将商品价格分为“真实价格”和“名义价格”。前者指商品的价值，后者指商品的价格。他认为商品的价值就是生产这个商品所耗费的劳动，并明确指出两个商品之间的交换比例取决于生产这两种商品各自所需要的劳动量，其衡量尺度为劳动时间。但斯密同时认为商品价值由购买或支配的劳动所决定，进而又提出了生产成本理论，工资、利润和地租分别是劳动、资本和自然资源 3 种要素的交换价值，这即著名的“三位一体”的价值公式。

大卫·李嘉图（Ricardo）的价值理论由谷物法的争论发展而来。在对是否应该对重要的谷物增加关税的问题上，李嘉图支持自由国际贸易，反对关税。但他发现斯密的经济理论在解释这一问题上不能够令人满意，他在《政治经济学及赋税原理》中批评斯密把由耗费掉的劳动决定商品价值与由购买到的劳动决定商品价值混为一谈，并发展了自己的价值理论。

马克思在李嘉图的基础上，进一步区分了具体劳动和抽象劳动，价值和使用价值等概念，并建立了科学的劳动价值理论。他指出商品是使用价值和价值的统一，生产商品的劳动是具体劳动和抽象劳动的统一。商品具有使用价值和价值两个因素。使用价值是价值的物质承担者，它是商品的自然属性；价值是商品的社会属性。商品具有两个因素是由生产商品的劳动的二重性决定的。他论述了使用价值和交换价值间存在的对立统一关系，创立了劳动二重性理论，指出价值与使用价值共处于同一商品体内，具体劳动创造商品的使用价值，抽象劳动创造商品的价值。因此，价值是凝聚在商品之中的一般人类劳动，价值量的大小由社会必要劳动时间决定，即“在现有的社会正常的生产条件下，在社会平均的劳动熟练程度和劳动强度下制造某种使用价值所需要的劳动时间”。[①]

（2）生产要素价值论。产品的生产包括许多要素。生产要素价值论认为，人的劳动通过使用生产要素作用于劳动对象，使劳动对象发生形态变化，即生产出产品。在这个过程中，生产要素和人的劳动一样参与了产品生产，如果缺少生产要素，人的劳动就无法和劳动对象相结合。既然多种要素都参加了产品生产，都为产品生产作出了贡献，显然也都应该是价值创造的源泉。生产要素论的代表人物主要包括西尼尔、杜尔哥和萨伊等。在他们看来，科学技术、机器设备等生产要素都是价值形成的重要部分，因为离开了这些生产要素，价值就无从谈起。

（3）效用价值论。19 世纪后期，伴随着西方经济学的边际革命，产生了边际价值概念。边际价值论认为物品和服务的价值是由其边际效用确定的，商品的经

---

①《马克思恩格斯全集》第 23 卷，第 52 页。

济价值是边际效用与实际价格的差额。基于效用理论的物品和服务价值可以通过支付意愿（WTP）或受偿意愿（WTA）反映出来，支付意愿是指人们为获得一种物品和服务所愿意支付的价格。在此基础上，形成了消费者剩余理论，指消费者自愿支付的价格与实际支付价格的差额。生态系统服务价值的评估就是要利用人们的支付意愿来评价这些没有直接市场的物品和服务的价值。

（4）供求决定论。瓦尔拉斯认为，商品的价值就是它的实际市场价格，决定于市场供需关系。他运用数学方程式的形式分析了商品交换的比例问题，建立了“一般均衡理论”。该理论认为，商品的价格是相互联系、相互影响的，一种商品供给和需求的变动不仅影响该商品价格的变化，而且还会影响其他商品价格的变化。当所有商品的价格使得所有商品的供给和需求相等时，市场就处于均衡状态，这时的价格就是均衡价格，即商品的价值。

马歇尔在其名著《经济学原理》（1890）中创立了供求决定论。他承认价值的存在，并直接将交换价值视为价值。价值由供求双方达到均衡时的价格决定，即商品的价格如果使购买者对它的需求量和生产者对它的售卖量相等时，市场上的供求处于均衡状态，这时的价格就是“均衡价格”，也就是商品的价值。

应当指出，无论是马克思的劳动价值论，还是西方经济学的均衡价格论，都认为资源环境没有价值。劳动价值论坚持劳动创造价值，由于资源环境是天然的，没有凝聚人类劳动，所以它们没有价值。马克思认为，金刚钻有较高的价值是因为它花费了人类较多的抽象劳动。而水没有价值，也仅仅是因为水几乎不需要耗费人类劳动就能获得。因此，创造价值的是人类劳动，无论是金刚钻还是水本身都是没有价值的。但马克思同时指出，自然资源虽然没有价值，但却可以有价格。西方经济学理论同样认为资源环境没有价值，因为在“空的世界”，资源环境是如此充裕，以致相对经济活动它们并不稀缺，从而它们的边际成本和边际效用都较低，因此其价值也很低。

20世纪中后期以来，资源环境无价值的观点无论在理论上还是实践中都引起了越来越多的质疑。譬如，有学者指出，自然资源无价值忽略了自然资源的替代价值[①]。①自然资源本身虽然未耗费劳动，但它的使用却可以节约劳动，较之于优等地，劣等地提供相同的产量需要耗费更多的劳动。②未注意到自然资源的环境价值。保护自然资源需要耗费劳动；非耗竭性资源的再生能力一旦遭到破坏，恢复它是要支付成本的；耗竭性资源的替代产品也是要支付成本的。保护、恢复和替代自然资源所耗费的劳动就是自然资源的环境价值。③未能反映与自然资源相

① 余瑞祥：《自然资源的成本与收益》，中国地质大学出版社，2000年，第4-5页。

联系的代际补偿问题。④自然资源被排斥在国民经济核算之外。

3.2　生态服务的价值及构成

随着人们对生态服务重要性认识的加深，学界也开始讨论生态服务价值的理论依据，并对生态服务价值的具体构成进行了分析。

3.2.1　生态服务价值的理论解释

20 世纪后期以来，生态服务的价值逐渐得到广泛承认，但关于生态服务价值的解释却大不相同。在不同的学科、文化观念、哲学观点与思想学派中，它们对生态系统的重要性或“价值”的认识与表达各不相同，主要有以下几种观点：

第一，效用主义观念，它是建立在人类的偏好满足原则基础之上的。生态系统之所以具有价值，是因为它们可以维持地球上的生命，并供给满足人类的各种物质与非物质需求所必需的多种服务。生态系统及其提供的供给服务、调节服务、文化服务和支持服务之所以对人类社会具有价值，是因为人们可以从对它们的实际使用或潜在使用中获得一定的效用，它要么是直接使用价值，要么是间接使用价值。此外，人们认识到了对当前他们尚未使用的生态系统服务的价值（非使用价值）。

第二，建立在社会文化取向基础之上的。人们会对根据不同的世界观，或者宗教、文化和哲学方面的自然与社会观念来认识其周围环境中的各种要素的价值评估。例如，通过选定具有神圣意义的物种或者地方，制定关于使用生态系统的社会规则（如“各种禁止”）以及灵感体验，这些价值从而得以表现。

第三，自然科学家阐述的，这类价值来源与系统内组分之间的因果关系有关。例如，某一特定树种在控制侵蚀方面的价值，或者某一物种维持另一物种或整个生态系统的生存方面的价值。康芒纳在《封闭的循环》中反思了现代技术在生态上的失败，认为这种失败主要在于我们的价值观，即人与自然相分离的价值观，不承认自然的价值。

第四，基于哲学的解释。霍尔姆斯·罗尔斯顿曾经提出一个问题：“生态伦理是否存在？是否能作为一种在哲学上值得尊重的伦理而存在？”[①]他写了一篇名为《生态伦理是否存在》的文章，发表在国际伦理学领域的权威刊物《伦理学》上，引起了学者们的广泛关注。他的回答是肯定而有力的，并且从哲学的层面肯定了

① 霍尔姆斯·罗尔斯顿著，刘耳、叶平译：《哲学走向荒野》，吉林人民出版社，2000 年。

生态的价值，他指出："衡量一种哲学是否深刻的尺度之一，就是看它是否把自然看做与文化是互补的，而给予她以应有的尊重"。国内也有少数学者从哲学层面来解释资源环境的价值。他们重新定义"价值"的概念，认为从哲学意义上讲，价值的含义是客体对主体所产生的效用。由于资源环境能够满足人们的主观需要，因此就有价值。

虽然各种价值范式之间不存在共同的度量标准，并且可能缺乏进行比较的任何基础，但是与它们相对应的一些价值评估方法却存在一定的重叠，而且相互影响。

从经济学的角度来看，国内学者以马克思主义政治经济学为框架进行解释，而西方学者以效用价值论为框架进行分析。

（1）基于劳动价值论的解释。马克思主义经济学者一般认为，资源环境从无价到有价是个历史过程，劳动价值论仍然是资源环境价值的理论基础。这可以从以下几方面理解：①在马克思所处的时代，资源环境问题还没有成为影响经济生活的重要问题，马克思没有将重点放在对资源环境价值的关注方面，我们不能苛求前人。②当代资源环境的形成、维护、更新在许多方面都凝聚了人类的一般劳动，完全可以在劳动价值论的框架内进行解释。刘思华先生在《可持续发展经济学》一书中指出，资源环境价值得到重视的原因在于，人类对生态环境的影响越来越大，现有的许多生态环境都耗费了人类的一般劳动，如植树造林、修建水库、开发旅游景点等，这一部分资源环境由于是人们的劳动生产出来的，凝结了人类的劳动，因而是有价值的。③对于一些天然形成的，如矿藏、天然林等，它们并不是具体劳动的产品，是否也具有价值呢？以天然林为例，其虽然是自然形成的，但在现代社会中，天然林生产的某些环节上，如防止乱砍滥伐，防火灭火，病虫害防治等，人们已经直接或间接地为保护天然林的正常生长发育付出了一定的物化劳动，这些劳动凝结于天然林实体中，就形成了价值。④对于一些纯粹的不可替代的生态环境，其价值可视为自然界的内在价值而加以解释。笔者认为这种观点较好地解释了资源环境价值的理论基础，并从历史和逻辑上阐明了资源环境从无价到有价的过程。

（2）基于西方效用价值论的解释。与国内研究不同，西方学者从效用价值论出发，认为资源环境有价值的主要原因是因为稀缺性。过去，由于相对人们的需要来讲，自然资源稀缺程度不明显，而环境容量也没有达到人们排放污染的极限，因此，不存在有限资源最优配置的问题。但随着经济社会的发展，人们对于资源的需求增加，而向环境排放的污染增多。

以水为例，在"价值悖论"中，水曾经因为数量丰富、供给充裕而没有价值，但随着人口的增加及对水的需求量的加大，生态系统中水的重要程度也不断提升，并且逐渐像钻石一样开始变得稀缺起来。当它们的稀缺程度变得越来越像钻石时，从经济学的角度看，它们的潜在价值也就越来越大。当然，要实现这种价值，我们的经济和社会机构还需要进行许多创新。

因此，从资源的有限性、稀缺性出发，结合资源的自然丰度及地理位置等方面的差异论述了自然资源与环境的经济价值。

此外，还有学者从替代性出发，认为自然资源的价值是在资源的社会再生产过程中产生的，人类为了使资源恢复到原来应有的水平，投入了必要的社会劳动，资源因此被人类赋予了更新、恢复的价值。笔者认为，这种变化用前述的劳动价值发展论解释更为合理。此外，西方学者中还有“均衡价值论”、“三元价值论”、“边际效用论”等，并从中衍生出自然资源的自然价值、社会价值、商品价值、生态价值等多种价值形态。

3.2.2　生态服务价值的构成

生态系统提供的物品和服务的种类是多样的，这些服务的价值类型也是多样的，为了便于测算，研究者一般都先对这些服务的价值进行划分。

皮尔斯（Pearce）等（1996）将生态系统服务的总经济价值区分为直接使用价值、间接使用价值、选择价值与存在价值 4 种类型，总经济价值是这 4 种价值的总和（图 3-1），但他们同时指出并不能把总经济价值的各组分简单地相加。

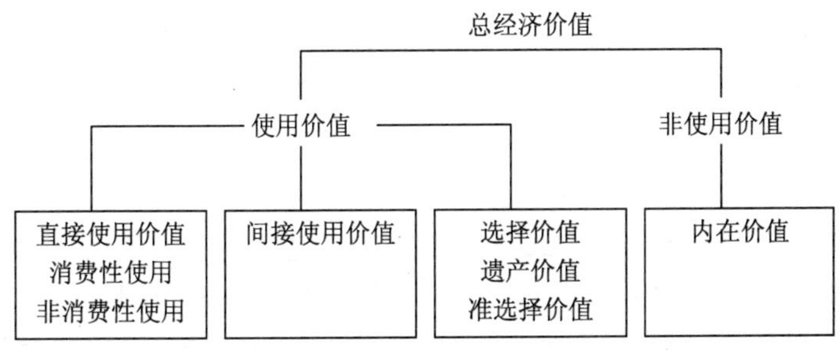

图 3-1　生态系统服务的总经济价值框架

使用价值（use value）或有用性价值（instrumental value）是指人类为了满足消费或生产目的而使用的生态系统服务的价值。它包括有形的生态系统服务与无形的生态系统服务，这些服务在当前可以被直接或间接地使用，或者是在未来可以提供潜在的使用价值。总经济价值又可以具体划分为以下几类：

（1）直接使用价值。主要是指生态系统产品所产生的货币流量或潜在货币流量，如木材的价值可以直接从市场价格中得到。这些生态系统服务是被人们为了满足消耗性目的（如果其他用户可以获取的产品数量减少）或者非消耗性目的（其他用户可以获取的数量没有减少）而直接使用的。在自然生态系统或人工生态系统中，对食物产品、用作薪材或者用作建筑的木材及医药产品的收获，以及用于消费的动物狩猎都是消耗性使用的例子。对生态系统服务的非消耗性使用包括欣赏消遣和文化愉悦（例如观赏野生动植物和观鸟、水上运动，以及不需要收获产品的精神和社会效用）。这类价值可以用市场价格进行度量。

（2）间接使用价值。相当于生态学家所说的生态服务功能。诸如涵养水源、保持水土、营养循环、野生动植物栖息地、碳循环和温室效应等。间接使用价值是自然资源本身而不是其产品的潜在货币流量，没有市场可供实现，只能通过重置成本法之类的方法予以评估。例如，森林的水源涵养和水土保持功能，就可以设想在没有这片森林的情况下，采用工程方法达到同等功效的收入或营造森林所需的投资作为估计值。这类价值可以通过防护费用法，替代市场法进行评价。

（3）选择价值。主要是指人们为了将来进行利用某种生态系统服务功能的支付意愿。它涉及自然资源的时间选择。将一处资源保存到未来开发可能比现在开发有更大的效益。选择价值就是人们现在愿意为这种可能性所支付的货币额。故皮尔斯认为选择价值类似于保险费——保证一种资源或服务的供应（这种供应是不确定的）。显然，选择价值不一定都是正的。但皮尔斯认为热带森林的选择价值肯定是正的。另外，与信息不确定性相联系的选择价值称为准选择价值（Quasi-option value）。例如，随着人们对原始森林的生态功能认识的不断深入和全面，保存森林的价值就会增加。选择价值又可以分为 3 类：自己将来利用；子孙后代将来利用，又称为遗产价值；别人将来利用，又称为替代消费。

（4）内在价值（intrinsic value）。也称存在价值，是指人们为使资源处于自然状态或原始状态所愿意支付的货币额。内在价值被生态学家视做某种物品的内在性的东西，是一种与人类利用无关的经济价值，但内在价值到底包含什么存在着许多不同观点。不过，由于绝大多数人对环境资产的存在（如野生生物和环境的服务功能等）具有支付意愿，所以内在价值的直觉基础较易于理解。通过意愿调查评估法（contingent valuation method，CVM）可以评估内在价值。唯一性或不可逆性的资源具有较高的内在价值。

3.3　生态服务价值评估

3.3.1　生态系统服务价值评估概述

（1）生态系统服务价值评估意义。人们为什么要开展生态服务价值评估，有许多原因。千年生态系统评估项目工作组的专家将开展生态系统服务经济价值评估的动机概括为两个方面[①]：

- 评估生态系统对社会与经济福祉的全部贡献：关于生态系统对社会与经济福祉的贡献，目前已有许多研究对它进行了评估（Hardwick，1994；Asheim，1997；Costanza et al.，1997；Pimentel and Wilson，1997；Hamilton and Clemens，1999）。生态系统是整个国家财富的组成部分，它们可以促进各种惠益的供给。但是，由于许多生态系统服务没有在市场上进行交易，因而它们的价值未能作为总收入的一部分而计算到传统的国民账户体系之中。因此，度量财富的传统方法往往会给出对福祉状态的错误表示，结果导致产生基于错误信息的决策行动和作出不明智的社会策略选择。更好地认识某一既定生态系统提供的各种服务的价值，并不能保证该生态系统将会得到保护，这是因为实施保护所需要的成本可能会超过它所产生的效益，但是几乎可以确信的是，和不开展价值评估相比，开展价值评估的结果会使生态系统服务的丧失水平降低。
- 认识经济主体对生态系统的使用方式及其原因：了解人类是怎样使用生态系统的，以及为什么那样使用生态系统。例如，他们为什么砍伐天然林、为什么耗竭土壤肥力或者为什么污染表层水体。市场对个人、公共与私营决策的行为与选择具有指导作用。在单个的经济主体所看得见的商品及服务的市场价格与对它们进行利用的社会机会成本之间通常会存在一定的偏离。特别是，对生态系统提供的许多服务的定价往往偏低或者根本没有定价，从而导致资源的利用效率低下，而且常常是不可持续的利用。通过指出存在于这些私营与社会成本及效益之间的差距及其大小，开展价值评估可以帮助我们揭示政策与制度失灵（如开放型获取、公共物品与外部性、市场的缺失、市场的不完善等），并为纠正政策与制度失灵提供多种不同的干预对策的有效政策信息，例如建立有关的市场

① 张永民译：《生态系统与人类福祉：评估框架》，中国环境科学出版社，第 134 页。

或者完善激励机制。

（2）“生命的价值”与生态服务价值评估可行性。1991 年，8 名科学家进入位于亚利桑那州的一个用玻璃封闭的、面积为 3.15 英亩①的结构物里，并在其中待了两年。结果，生物圈Ⅱ号最初的 25 种小型脊椎动物，有 19 种最终灭绝。“生物圈Ⅱ号”试验的结论表明：建造一个支持 8 个人生存 24 个月的生态系统，需要 2 亿美元，这从一个侧面体现了生态系统及其服务价值可以货币化。

为了更清楚地说明生态服务价值评估的可能性，可以考虑一个假定的、高度简化的关于空气污染物的例子②。假设下列信息已知：在目前的排放水平下，污染物对人群产生的风险是 1 000 人/a 的额外死亡率。减少 50%的排放量，要花费 50 万美元，但它可以将额外死亡率减少到 500 人/a，如果彻底控制污染物排放，额外死亡率可以减少到零，但要为此消耗 150 万美元。这些信息的表述见表 3-1。

表 3-1　污染控制水平与额外死亡率的关系

控制水平/%	控制费用/美元	额外死亡率/（人/a）
0	0	1 000
50	500 000	500
100	1 500 000	0

这显然是一个在生命与控制污染物排放所需消耗资源的价值之间进行相互替代的问题。如果保护生命的货币价值是已知的，那么表中最右边的一列就可以转换成效益的货币形式，而且可以适当地运用效益—费用分析来决定污染物的最佳排放水平。如果决策者最终选择 50%的控制水平，则该选择表明：每避免一人死亡至少花费 1 000 美元，以 50 万美元的代价达到 50%的控制水平，“购买”了 500 个人的生命。同时，这个选择还说明，“生命的价值”不到 2 000 美元，因为决策者不愿意多付出 100 万美元的控制成本去“购买”另外 500 个人的生命。

当然，在这个例子中，是选择揭示了价值而不是价值决定了选择，而实际上也并不能因此来衡量生命的价值。但它已经表明我们可以通过一些技术方法来评估生态服务的价值。例如，表 3-1 的第 1 列也可以是森林收获率，第 2 列可以是收获的净收益，第 3 列可以是必须生活于该森林栖息地的濒危物种的存活率。减少收获水平会增加物种的存活率，但必须付出代价。实际选择的收获率反映了决

① 1 英亩=0.404 856 hm^2。

② 案例参考弗里曼：《环境与资源价值评估——理论与方法》，中国人民大学出版社，2002 年。

策者心目中增加存活率的价值。

3.3.2　生态系统服务价值评估的思路与方法

综合国内外有关文献和案例分析，生态服务价值评估方法思路非常清晰，大致可以分为三类：

（1）直接市场评价法。这是最直接的评估方法，它通过现有的市场估价机制开展评估。如果生态系统提供的服务有交易市场，能够进入市场并通过价格反映出来。那么，这类服务就可以直接通过价格反映出来。例如，木材的价格，土壤变化对农作物产量的影响等。当然，这种影响还有一个剂量—反应过程，即环境变化影响了农作物的产量，或影响人类的身体健康，而农作物的产量、疾病、健康通过市场体现出来。这类方法主要包括生产率变动法、人力资本法、恢复成本法（AC）等。

（2）替代市场评价法。这类方法的评估思路是，虽然生态系统提供的服务本身没有市场，但如果可以通过寻找其替代产品进行评价，那么，可以通过观察其替代品的价格来评估这类生态服务的价值。例如，环境改善对社区的影响，虽然没有直接的市场对应环境改善，但人们可以通过社区内房地产价格的变化，从中分离出环境质量因素，从而得出环境改善的价值。这类方法主要包括旅行费用法（Travel Cost，TC）、享乐定价法（Hedonic Pricing，HP）、替代费用法（Replacement Cost，RC）等。

（3）假想市场评价法。这类方法的评估思路是，对于那些既没有市场直接进行对应，又无法采取替代市场的服务价值，我们可以采用模拟（假想）估值法，即利用问卷或电话或集中询问等方式直接向调查对象进行调查，利用人们的偏好和支付意愿（或受偿意愿）来评价生态系统服务的价值。这种方法一般用于评价生态系统服务的存在价值（或内在价值）。

支付意愿评估法①（CVM）是在既无市场又无替代市场的情况下采用的方法。它是通过问卷调查的方式询问被调查者：为了避免环境损失，你愿意支付多少？为了改善东湖的水质，你愿意支付多少？该方法是美国和其他工业化国家评估生态服务的常用方法。在美国，为避免早亡的支付意愿的中等估计值约为 300 万美元/人。世界银行工作人员用两国人均收入的比值（500 美元/25 000 美元）把美国的支付意愿值转换为适用于中国的保守估计值。其结果为城市地区 60 000 美元/人，农村地

① “Contingent Valuation Method”一词在国内不同的译名有“随机评估法”、“条件价值法”、“应急评估法”、“或有评估法”和“意愿评估法”等。

区 31 800 美元/人。由于意愿评估法的关键是支付意愿的确定，因此，许多学者围绕如何揭示支付意愿调查的程序、方法、问卷设计等一系列问题，进行了大量研究。

意愿调查法可以粗略分为两类：直接询问支付或接受赔偿的意愿；询问表示上述愿望的商品或劳务的需求量，并从询问结果推断出支付意愿。表 3-2 列出了几种常用的意愿调查法。

表 3-2 意愿调查法的分类

意愿评估法	具体种类	具体含义
直接询问支付意愿	投标博弈	调查对象被要求估价假想的情况，说出他对物品供应的若干不同水平的支付意愿或接受补偿的意愿
	比较博弈	被调查者在不同物品的组合之间进行选择，以确定个人对物品的评价，在生态评价中经常给出的是一定数额的货币和一定水平的生态服务的不同组合
询问选择的数量	无费用选择法	通过询问个人在不同的无费用物品之间的选择来估价环境物品的价值
	优先评价法	由被调查者对一组物品进行选择，按一定规则调整这些物品的价值，直至收敛到一组使消费者效用最大化的均衡价格

与市场价值法不同，意愿调查法不是基于可观察到的或预设的市场行为，而是基于调查对象的回答。直接询问调查对象的支持意愿既是意愿调查法的特点，也是意愿调查法的缺点所在。笔者认为，到目前为止，意愿调查法是生态系统服务价值评估的最后一件武器，如果这种方法都无法评价，那经济学就无能为力了。

表 3-3 对这 3 种主要方法类型进行了对比分析。从中可以看出，各种评估方法都有其特定的适用条件，也各有优点和局限性。因此，在实际应用中，为了客观评价生态系统服务价值，经常是同时采用几种方法进行评价。

表 3-3 生态系统服务主要评估方法比较

类　型	具体评估方法	适用条件	优　点	局 限 性
市场价值法	简单市场价格法、人力资本法、机会成本法等	有市场价格的物品和服务	简便易行、结果较客观	只能评估直接实物使用价值；行为与产出的物理关系难以估测；存在价格问题
替代市场法	旅行费用法（TC）、替代费用法（RC）、收入变动法（FI）、享乐定价法（HP）等	适合于能够观察或找到替代某种生态服务功能的情况	比较成熟、特别适用于评估间接使用价值	需要大量的数据调查；替代品选择可能影响结果的真实性；存在取样偏差

类　型	具体评估方法	适用条件	优　点	局 限 性
模拟市场法	意愿评估法（CVM）	要求样本人群具有代表性，对所调查的问卷感兴趣并且有一定的了解；有充足的资金、人力和时间	能够揭示生态系统服务的存在价值，是最后的方法	存在信息偏差、战略偏差等；WTP 与 WTA 结果不同；确定相关群体的困难性；价格与范围的敏感性；评估结果的可信度变化幅度大

应该指出，关于生态服务价值的评价，我国学者也进行了创新性的研究。按照马克思的劳动价值理论，商品的价值量是由生产商品的社会必要劳动时间决定的。因此，生态环境价值量是由创造具有一定使用价值的生态环境的社会必要劳动时间所决定的，它与创造的劳动量成正比，与创造的劳动生产率成反比。提高创造具有一定使用价值的生态环境的劳动生产率是实现社会经济建设和生态环境建设协调发展的重要途径。

刘思华先生在《生态经济价值问题初探》一文中指出，生态价值的构成和商品的构成一样，也是分为三部分：$c+v+m$。以补偿、保护和建设具有一定使用价值的生态环境来说，在投入的全部劳动都物化在生态系统的生态环境之中的情况下，c 是补偿、保护和建设生态环境所需要的生产资料的价值，如消耗的能源、物资的价值及其构成设备和设施的折旧费等；v 是补偿、保护和建设生态环境的劳动者的必要劳动所创造的价值，即维护劳动力生产与再生产所需要的生活资料的价值；m 是补偿、保护和建设生态环境的劳动者的剩余劳动所创造的价值。因此，创造具有一定使用价值的生态环境的总价值量 $W_{生}=c+v+m$。其中 c 是物化劳动转移的价值，$v+m$ 是活劳动所创造的新价值。而生态经济价值量 $W_{生经}$就等于生态环境价值 $W_{生}$。

但是，在生态经济系统的实际运行中，人们投入的劳动在创造生态环境价值的同时，还会产生具有一定使用价值的经济产品，创造商品价值。在这种情况下，生态环境价值量 $W_{生}=c+v+m-W_{经}$。而生态经济价值量则是投入补偿、保护和建设具有一定使用价值的生态环境全部劳动所形成的价值量 $W_{生经}=c+v+m=W_{生}+W_{经}$。

人类劳动在经济系统产生商品（包括劳务）过程中，投入一定量的劳动创造商品价值的同时，也会创造生态价值，还会产生生态环境的负价值。所以，生产商品的人类劳动所形成的生态经济价值量 $W_{生经}=W_{经}+（\pm W_{生}）$。

刘思华先生将马克思的劳动价值论运用到生态环境领域，提出了生态服务价值的决定公式，这一方法本身就值得我们学习。但遗憾的是，目前国内研究人员主要是利用国外评估方法进行案例分析，而对马克思的理论成果缺少创造性的运用。

3.3.3 非使用价值及评价

生态服务的非使用价值，是指内在价值或存在价值，是生态服务中存在争议最多的地方。一般认为，生态服务具有内在价值，因为这些价值与人们是否使用它们无关，是生态系统本身具有的独特价值。对此，笔者谈几点看法：

（1）生态服务的内在价值是否存在？关于这一点，目前人们基本上都是肯定的，认为生态系统的某些服务不论人们是否现在或将来使用它们，其都有存在的理由或价值，如一个物种的存在，就像人类的生存一样，是整个生物链中的一个环节，一个物种的存在是其他某个物种存在的条件。因此，具有存在价值。

（2）生态服务的内在价值是否具有经济学上的意义？在前面的分析中，我们谈到，经济学中的价值有两种主要观点：一种认为价值是人类的一般抽象劳动；另一种观点认为价值是由供求关系决定的。在劳动价值论看来，由于现在纯粹的自然生态环境已经很少了，因而生态服务中也包含人类的劳动，因此具有价值。但对于生态服务的内在价值，如一些濒危动物可能与人们的劳动无关，它们有没有经济价值还是经常被讨论的话题。

（3）生态服务的内在价值是否具有独立的意义？皮尔斯将生态服务的价值区分为使用价值和非使用价值，这一区分本身引起了不同意见，有一种观点认为生态服务的内在价值实际上包含在使用价值之中了①。有学者指出，人们对于某一自然资源如秃头鹰的支付意愿，或者产生于这种资源有某些现实的或潜在的收益，如观赏价值、象征意义和生物多样性等；或者产生于某种不可名状的心理偏好或习俗习惯等。如果是前者，则已经包含在使用价值之中，无所谓独立的内在价值；即使是后者，也不是自然资源特有的现象。许多消费品的支付意愿都受不可名状的心理偏好的影响，女性对时装的支付意愿就是典型的例子。而且这种影响已包含在决定价格的需求之中。

（4）生态服务的经济价值能否度量？即使承认生态服务的经济价值，那么，应该如何评估这一价值，也是值得商榷的。有的人可能会觉得它非常大，还有的人可能会认为它的价值有限，因为目前评估内在价值的方法只有一种，即支付意愿法，而这种方法受到许多条件的限制和约束，在不同的条件下会得出差别较大的结果，因此，关于生态服务内在价值大小的评估需要进一步的讨论。

---

① 余瑞祥：《自然资源的成本与收益》，中国地质大学出版社，2000 年。

3.3.4 生态系统服务价值评估中的若干问题

科斯坦萨等人的研究结果发表后，引起了国际上的广泛关注，也引起了一些学术批评，这些批评主要集中在[①]：对方法的合理性的质疑，即“支付意愿”（WTP）能否用于宏观评价，能否用“生产者剩余”与“消费者剩余”之和估计生态系统服务价值；对边际价值的反思，等等。

3.3.4.1 对两个案例的评论

为了正确理解生态服务价值评估方法，回顾戴星翼教授在《生态服务的价值实现》中对两个例子的评述是有意义的[②]。

案例一：“一棵树的价值”与“天价的老母鸡”

印度加尔各答农业大学德斯教授对一棵树的生态价值进行了计算：一棵 50 年树龄的树，以累计计算，产生氧气的价值约 31 200 美元；吸收有毒气体、防止大气污染价值约 62 500 美元；增加土壤肥力价值约 31 200 美元；涵养水源价值约 37 500 美元；为鸟类及其他动物提供繁衍场所价值约 31 250 美元；产生蛋白质价值约 2 500 美元。除去花、果实和木材价值，总计创值约 196 000 美元。

戴星翼教授等对这一评估提出了质疑，指出其方法上存在两个缺陷：

（1）存量与流量的混淆。所谓 30 万美元[③]，研究者指的是这棵大树许多年来生态服务的累计，也就是流量累计，而后来的引用者误解为存量，也就是说，30 万美元指的不是这棵大树的现值，但人们往往理解为现值。同时，在价值评估上，累计流量是无用的。为此，戴星翼还特意举了一个形象的例子：假定有这样一只老母鸡，它活了 5 年，生了 1 000 个蛋，每 10 个鸡蛋价值 3 元，能够说这只鸡的价值是 300 元吗？

（2）在计算依据上使用的成本法。即计算这棵树的一生中制造了多少氧气，而人类用自己的工艺制造同样数量的氧气的成本就构成了大树的价值。戴星翼认为“这样的方法貌似科学，其实荒谬不堪”，因为植物和人类制造氧气的技术根本不同，其价值是不可比的。人类制氧之所以需要这么大的代价，只是因为其技术落后，而光合作用的技术是先进的。不能用落后的代价去衡量先进的价值。如果用这种方法来衡量老母鸡的价值，那将得到非常可笑的结果，因为人类还没有任何技术进行鸡蛋的人工合成，因此其成本会是无穷大。戴星翼教授因此认为，如

---

① 郑玉歆：《环境影响的经济分析——理论、方法与实践》，社会科学文献出版社，2003 年。

② 戴星翼、俞厚未、董梅：《生态服务的价值实现》，科学出版社，2005 年。

③ 就本文讨论的内容，一棵树的价值是 20 万美元还是 30 万美元，没有实质区别。在戴星翼教授的书中，将一棵树的价值写成是 30 万美元。

果按照这位印度科学家的逻辑，一只母鸡的价值将等于整个世界，即所谓“天价的老母鸡”。

这个例子清晰地反映了在生态服务价值评估中，如果不恰当地运用各种方法，将会得出一些不可思议的结论。

案例二：“湿地的生态服务价值”

沿用美国学者的研究结论，我国学者往往断言每公顷的湿地每年提供的服务价值为 10 000 多美元。湿地有这样高的价值吗？戴星翼以上海崇明东滩为例，如果承认这一价值，那就意味着每亩地每年有 5 000 多元的净产出，这是不需要劳动、不需要投入的产出。但这种价值是虚幻的，因为没有人愿意为此埋单，也就是为什么不把上海的所有农业用地都转变为湿地的原因。之所以出现这种结果，戴教授指出了两点原因：①货币的比价因素；②方法使用的适用性。同样是湿地，同样采用意愿调查法，由于美国人的收入水平远高于中国人，两者处于不同的经济发展阶段，追求的需要程度也不同，因此，如果通过支付意愿法调查，我国公众得出的湿地价值会明显比美国公众心目中的湿地价值低。

笔者引用这两个例子，是想说明生态服务定价固然重要，但我们必须小心谨慎，因为任何定价必须要有人为此埋单，才能够实现。尤其在生态补偿实践中，如果不切实际地定价，最终也不可能达成交易。

3.3.4.2 生态服务价值评估中存在的问题

从目前的研究现状来看，国内在进行生态系统服务价值评估方面，取得许多可喜的进展，但总体上尚处于介绍引进国外相关理论，运用国外发展的各种评估方法，进行案例研究的初级阶段，在理论方法方面还需要进一步创新。

（1）跨学科交叉研究不够。从目前研究者的学科背景分析，自然科学家（生态学家）研究较多，而经济学家相对较少，研究成果也主要发表在《生态学报》《地理科学》《资源科学》《自然资源学报》等自然科学类期刊上。其中的原因可能在于研究中涉及一些生态学、地理学知识，而这些是经济学家所欠缺的。而在国外，除了自然科学家，生态经济学家（如 Costanza、Daily 等）也对生态服务的研究较多。事实上，生态系统服务价值评估是一项相当复杂的系统评估活动，其中涉及相当多的经济学理论和方法，这应是经济学家所擅长的。因此，今后应该加强跨学科的交叉研究。

（2）研究方法需创新，研究误差分析不够。目前的研究大多是将国外的评估方法应用到中国的案例，对评估方法和技术缺少创新和发展。同时，由于生态系统服务本身的多样性、使用方法的间接性及其他客观因素，一般来讲评估结果会有误差。产生误差的一般原因有：①大量实证研究结果表明，最终结果与所采用的评价方法密切相关，因此，选用哪种方法将对结果产生直接影响。②与支付意愿有关。经济水平越高，人们对生态环境的支付意愿就越大，这样通过意愿评估法评价生态系统的服务价值可能就会提高。例如，Mitchell 和 Carson（1998）等认为 CVM 在实际应用中存在各种偏差，主要包括策略性偏差、起点偏差、局部和整体偏差、抽样范围偏差、样本设计和执行偏差、假想偏差、推理偏差等。Pearce 和世界银行的研究表明，CVM 偏差在 60%范围内的变化均是合理和可信的。③核算的内容。生态系统服务的总价值结果与所核算的内容相关，Costanza 将生态系统的服务功能分为 17 种，而实际评价中较少对 17 种功能都进行评价，主要是根据研究区情况进行了选择，这符合研究规律，但也可能影响到最终结果。④数据来源。所选取的数据资料的全面、准确、时间与结果有较强的关系。因此，今后还需要进一步加强对误差的分析。

第4章 生态服务价值补偿问题

前面讨论了生态服务的价值及评估问题，但仅仅承认生态服务的价值是不够的，保持生态经济平衡还要求对生态服务的价值进行补偿。而生态补偿作为一种经济机制，其根本目的就是通过各种途径保持生态资本存量不变或略有增加，从而促进生态经济可持续发展。目前，国内外关于生态补偿的实践已经积累了一定的经验，但关于生态补偿的内涵、理论依据及机制等问题还没有形成一致的意见。

4.1 生态补偿的基本问题

4.1.1 生态补偿的概念、内涵及其本质

4.1.1.1 生态补偿的概念

生态补偿的含义最初源于自然生态补偿，是指“生物有机体、种群、群落或生态系统受到干扰时，所表现出来的缓和干扰、调节自身状态使生存得以维持的能力，或者可以看做生态负荷的还原能力。”①自然生态补偿是自然生态系统对由于社会、经济活动造成的生态环境破坏所起的缓冲和补偿作用，强调的是自然生态系统对外界压力的适应能力。

随着人们对自然生态环境重要性认识的增强，生态补偿的内涵发生了变化。在自然环境管理领域，目前对生态补偿一种普遍的理解，是一种用于资源环境保护的经济手段，即通过对损害环境的行为进行收费处罚，以减少对环境产生的外

① 环境科学大辞典编委会：《环境科学大辞典》，中国环境科学出版社，1991年。

部性破坏，或对保护资源的行为予以补偿或奖励的机制（赵景柱等，2006）。

目前，关于生态补偿尚没有统一的概念，其中具有代表性的有以下几种定义：

定义 1：生态补偿是指“通过对损害（或保护）资源环境的行为进行收费（或补偿），提高该行为的成本（或收益），从而激励损害（或保护）行为的主体减少（或增加）因其行为带来的外部不经济性（或外部经济性），达到保护资源的目的”。（毛显强，2002）

该定义是一种广义的概念，将生态破坏行为的收费和生态保护行为的补偿都看做生态补偿的内容，其实质是将生态领域中的外部性内部化，并将生态补偿的目的定为保护资源。

定义 2：“生态补偿是以保护和可持续利用生态系统服务为目的，以经济手段为主调节相关者利益关系的制度安排。广义的生态补偿应该包括环境污染和生态服务功能两个方面的内容，即不仅包括由生态系统服务受益者向生态系统服务提供者提供因保护生态环境所造成损失的补偿，还包括由生态环境破坏者向生态环境破坏受害者的赔偿”。（李文华，2006）

该定义强调了经济手段在生态保护中的重要作用，并指出生态补偿实质是一种制度安排，其目的是调节生态破坏或保护过程中的相关者利益，并借此来达到保护和可持续利用生态系统服务的目的。

定义 3：“生态补偿的基本含义应该是一种以保护生态服务功能、促进人与自然和谐相处为目的，根据生态系统服务价值、生态保护成本、发展机会成本，运用财政、税费、市场等手段，调节生态保护者、受益者和破坏者经济利益关系的制度安排”。（王金南等，2006）

该定义明确指出了生态补偿的标准是生态系统服务价值、生态保护成本或发展机会成本，运用财政、税费等市场手段来调节利益相关者之间利益的制度安排。

定义 4：生态补偿机制是以保护生态环境、促进人与自然和谐为目的，根据生态系统服务价值、生态保护成本、发展机会成本，综合运用行政和市场手段，调整生态环境保护和建设相关各方之间利益关系的环境经济政策。

该定义是国家环保局在《关于开展生态补偿试点工作的指导意见》中明确提出的，它在本质上与定义 3 是一致的，它进一步指出生态补偿是一种环境经济政策。

根据上述代表性定义，我们不难发现，我国关于生态补偿的理论认识基本上是将其作为一种运用经济手段来实现生态领域外部性内部化的环境经济政策。

另一方面，在我国生态环境保护与管理实践中，生态补偿又至少具有四个层面上的含义[①]：①对生态环境本身受到的干扰进行补偿。如在国家环保总局实施的《关于在西部大开发中加强建设项目环境保护管理的若干意见》中，规定了对重要生态用地要求“占一补一”。②利用经济手段对干扰生态环境的行为予以调节，将经济活动的外部性内在化。许多税收政策都作出了有利于生态环境保护的规定，具有生态补偿的性质。在增值税方面，主要对资源综合利用的产品、废物处理、利用清洁能源生产的无污染产品实行减征、免征增值税的优惠政策。对资源土地课税的税种有资源税、土地使用税、耕地占用税和土地增值税。这些税种对合理利用资源、限制资源的乱采滥用起到了作用。1993 年，我国确定了 14 个省的 18 个市、县（区）作为试点，开展征收生态环境补偿费试点工作。生态环境补偿费的征收涉及了矿产开发、土地开发、旅游开发、自然资源开发、药用植物开发和电力资源开发六大领域，对生态环境保护和建设发挥了作用，但在 2002 年全国清理整顿乱收费时被取消，各地的试点工作基本停止了。③对个人或区域保护生态环境或放弃发展机会的行为予以补偿，在财政上给予绩效奖励和补贴。如福建、浙江、广东等省加大了对上游落后地区的支持力度。其中，福建以上下游之间补偿为主、省级政府支持相结合的办法；浙江、广东以集中资金、专项转移支付的办法，进行生态补偿。浙江省提出建立《浙江省生态建设财政激励机制暂行办法》，将财力补贴、环境整治与保护、生态公益林补助和生态省建设目标责任考核奖励等作为主要激励政策。④对具有重大生态价值的区域或对象进行专门的保护性投入。如对重要类型的生态系统（森林）和重要区域的生态系统（西部地区）进行的生态补偿等。我国实施了退耕还林、“三北”防护林建设、京津风沙源治理等重大生态建设工程，改变了项目区的生态环境状况，对当地政府和民众提供了资金、物资和技术上的补偿。1999 年，首先在四川、陕西和甘肃实施了“退耕还林”，2003 年在全国范围内实施，长江和黄河上游地区生态环境得到了改善。以陕西安康为例，安康全市耕地面积约为 50.67 万 hm^2，累计完成退耕还林面积 25 万 hm^2。退耕还林后，森林面积大幅度增加，植被得到了恢复，减少了水土流失。

4.1.1.2 生态补偿的内涵

生态补偿有广义和狭义之分，广义的生态补偿包括各种生态环境外部性内部化的手段，其应用领域也涉及生态环境的各个领域。而狭义的生态补偿仅仅将其作为生态环境保护的一种新的机制和手段，主要应用于生态保护和建设过程中。关于生态补偿的内涵，笔者有以下几点认识：

---

① 王金南、万军、张惠远等：《中国生态补偿政策评估与框架初探》，载王金南、庄国泰主编《生态补偿机制与政策设计》，中国环境科学出版社，2006 年。

（1）生态补偿是一个历史范畴，它与人类的经济活动密切相关。在人类生活的初期，人类的生产生活对生态系统的影响较小，因此不会扰乱自然生态的恢复能力，也就没有生态补偿的概念。即使在过去一些局部地区出现了因环境问题而引起的变化，如文明的衰落，但从整体上讲，生态补偿是人类经济活动发展到一个较高层次的结果。

（2）生态补偿具有二重性。一是指对因人类经济活动引起的生态环境损失进行补偿，如植树、种草、寻找矿产资源，等等。所谓补偿是有所损失才有所补偿，因为人类的经济活动破坏了生态自然规律，扰乱了生态系统的某个环节，所以需要补偿。但同时，人类为了防止生态破坏而采取的预防性措施，如生态保护行为，也应该算做是生态补偿，是为将来补偿。二是指因生态环境问题引起的人与人之间的补偿关系，如流域上下游之间的补偿关系，跨区域之间的补偿关系，等等。就某条流域来讲，上游居民或企业的生产生活行为会影响到下游居民或企业的生产生活行为，如果上游居民过度砍伐森林，造成水土流失，则下游企业会减产，这时要求下游企业对上游居民进行经济补偿，从而使上游居民减少伐木行为。这种上下游之间的经济补偿，实际上是一种代理关系，即上游居民代表下游企业来保护森林，从而保护企业的经济利益。这里涉及诸多问题，如上游居民有无权利进行伐木，补偿多少是适合的，如何补偿，等等。

（3）生态补偿具有两种形式，实物补偿和价值补偿。对于实物补偿，如植树造林、恢复矿区等，都是对生态系统的原样进行恢复。从强可持续发展的角度讲，生态系统中的一些自然资本是不可或缺的，不仅从总量上不能递减，而且从要素上也要递增。对于价值补偿，是指对生态服务中耗费的人类劳动进行补偿。它实际上是马克思社会再生产理论在生态环境方面的体现。在美国矿山开采中[①]，一块地如果有人要申请开矿，必须向州政府申领许可证，同时还得交一笔押金。这笔押金是政府请专家测算出来的，是矿产开采后恢复原有的绿化植被所需要的资金数目。政府把这钱存在银行里，一旦通过了环境修复验收，连本带利还给开发商。这里的生态补偿实际上是实物补偿，补偿标准是恢复生态原样的数量。

（4）生态补偿是一种生态保护经济机制。西方主流经济学提出的各种环境经济手段虽然具有不同程度的效果，但从根本上讲并不能彻底解决环境成本的发生，正如有学者指出的：无论是“庇古税”还是“科斯定理”，无论是“环境库兹涅茨曲线”还是“环境资源的最大最小”理论，都是“人类中心主义”伦理观在不同

① 《环境是资源　谁消费谁付钱　浙江出台生态补偿机制》，《浙江日报》，2005 年 9 月 29 日。

时期的理论抽象，在一定程度上对环境恶化、资源枯竭起到了推波助澜的作用[①]。而生态补偿机制是一种源头治理模式，它不仅能够有效地预防环境破坏行为，而且能够激励环境保护行为，并能从根本上增加自然资本投资。

（5）生态补偿要体现公平性。在人类与自然之间的交互中，一方面人类的经济活动从自然界获取资源，另一方面又将废物排入自然环境。在人类社会近乎无限增长的需求面前，生态环境的承载能力已经变得十分脆弱。一方面，我国生态环境恶化的状况严重地制约了经济的持续发展；另一方面，生态环境在城乡间、地区间、不同收入群体间产生了明显不同的影响，加剧了城乡之间、地区之间的不平衡，影响到了社会福利在不同群体之间分配的公平性。所以，建立生态补偿机制不仅能够恢复受到破坏的自然资源环境，补偿生态环境受到的损失，还可以为经济发展提供支撑，实现社会公平。

（6）在生态服务价值补偿中，有几个问题需要说明[②]：①对某种具体的生态服务而言，要补偿的并不是其具体形态，而主要是补偿它的功能效用。也就是说，生态服务价值补偿的目的是人类可以继续以同样的成本获得等量效用。因此，其补偿有两种途径，一种是保持生态环境的数量和质量，另一种是寻找其替代物品，维持其生态效用。②价值补偿的目的一方面要保证社会和环境再生产的顺利进行；另一方面也要实现社会公平，包括实现当代人之间的公平，也包括不同代人之间的代际公平。③生态服务价值补偿要考虑整个生态系统的价值，如分散的 100 万棵树的生态效用与集中的 100 万棵树的生态效用是不同。

4.1.1.3 生态补偿的本质与根本目标

生态补偿本质上是一种生态创新的经济活动，它的根本目标是保持生态资本存量不变或有所增加，它既是一种经济活动，又是一种生态活动，因而是一种生态创新的生态经济活动。生态补偿作为一种环境经济政策被提出并加以应用有其现实背景，主要是生态环境无偿使用导致资源环境问题日益突出。因此，生态补偿的主要目的就是要保护生态环境，维持可持续发展的生态基础。同时，生态补偿与排污收费、排污权交易等其他环境经济政策的主要区别就在于它既是一种经济活动，又是一种生态活动，是一种生态创新的生态经济活动。

（1）生态补偿是一种经济活动，它涉及补偿主体之间的经济利益关系。以流域生态补偿为例，下游地区对上游地区居民的补偿行为，实际上下游居民通过让渡自己的部分利益给上游地区的居民，使其保护上游生态环境的努力得到补偿。

---

① 冯之浚等：《循环经济与末端治理的范式比较研究》，《光明日报》，2003 年 9 月 22 日。

② 安晓明：《自然资源价值及补偿问题研究》，吉林大学博士学位论文，2004 年，第 77-78 页。

（2）生态补偿又是一种生态活动，它保持或增加生态资本存量。仍以流域生态补偿为例，上游地区居民的生态保护行为直接增加了生态资本，如森林覆盖率的增加、水土流失面积的减少等。

（3）生态补偿是一种生态创新的经济机制。生态创新是一种全新的学术思想，它是指对生态系统内部各组成部分的变革和新的组合，创造新的人工生态系统和经济社会系统生态化。生态创新是指从新思想和新概念出发，通过生态技术的革新、绿色制度的形成、生态观念的改变不断地解决各种生态问题，最终使一个有生态价值、经济价值和社会价值的新项目得到实际成功应用的活动过程[①]。因此，生态补偿作为一种经济手段，实际上也是一种生态创新，因为它通过制度来改变人们的利益关系，更新人们的生态观念，从而实现生态保护的目的。

4.1.2　生态补偿的机理和类型

4.1.2.1　生态补偿的机理

生态补偿是通过协调各利益主体的关系来维持经济系统与生态系统的生态服务平衡，其机理如图 4-1 所示。以流域生态补偿为例，考虑上游森林所有者的行为选择，他们有 3 种情形：①森林所有者将森林砍伐并出售，同时没有得到惩罚；②森林所有者保护森林，同时没有得到激励；③森林所有者保护森林，同时得到一定的补偿。

在情形①和情形②两种情况下，上游森林所有者从森林保护行为中得到较少的收益（C），远远小于他们将森林开发利用所带来的收益（A）。因此，上游森林所有者的理性选择是情形①，即砍伐森林并出售。

但是上游森林所有者的砍伐行为可能会对社会上其他成员带来损失（B），譬如下游居民不再获得一些生态服务。因此，从全社会来看，收益是 A 减 B。其净收益多少取决于 A 和 B 的大小。

为此，可以通过下游受益者向上游森林所有者支付一定的资金（E）来促使他们保护森林，支付的数量显然应大于将土地用于其他用途所产生的收益，并且小于下游居民所获得的收益。此时，对于全社会而言，生态破坏的外部性已经内部化，上游森林所有者仍然得到了不少于 A 单位（$E+D$）的收益，下游居民蒙受了不多于 B 单位（E）的损失。而且，更重要的是上游的森林得到了保护。

① 严立冬：《经济可持续发展生态创新》，中国环境科学出版社，2002 年，第 4 页。

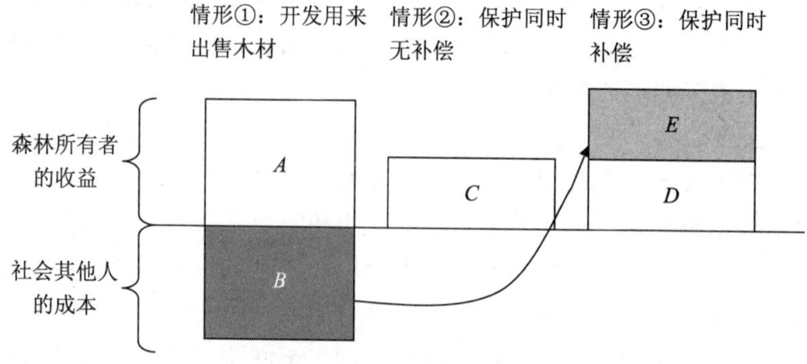

图 4-1　生态补偿的内在逻辑

4.1.2.2　生态补偿的主要类型

关于生态补偿的类型，根据不同的标准，有不同的分类。许多学者都对生态补偿的类型进行了探讨[①]，综合起来，主要有以下几种分类：

（1）按照实施主体和运作机制的差异，生态补偿大致可以分为政府补偿和市场补偿两大类型。

- 政府补偿：即由各级政府对生态保护活动进行补偿，主要针对重要生态功能区的保护等具有强烈外部性的生态保护，补偿的方式包括财政转移支付、差异性的区域政策、生态保护项目实施以及环境税费制度等。
- 市场补偿：即通过市场机制对生态保护或破坏活动进行补偿或惩罚。补偿方式包括“一对一交易”、市场贸易以及生态标记等。

（2）按照补偿对象可划分为对生态保护作出贡献者给予补偿、对在生态破坏中的受损者进行补偿和对减少生态破坏者给予补偿等。

- 对生态保护作出贡献者给予补偿：即对那些提供生态保护这种公共物品（存在生产不足甚至产出为零的可能性，仅按照市场机制不可能提供市场所需要的数量）的经济主体进行补偿，从而激励他们保护生态的积极性。
- 对在生态破坏中的受损者进行补偿：即补偿那些因生态破坏而受到损害的受害者，从外部注入一种资金和机制来改善当地的生态环境。
- 对减少生态破坏者给予补偿：有些生态破坏确实是迫于生计，是“贫穷污染”所致。在这种情况下，如果没有从外部注入一种资金和机制就不可能改善生态环境。因此，对生态环境的破坏者也不得不给予补贴。

① 沈满洪、陆菁：《论生态保护补偿机制》，《浙江学刊》，2004 年第 4 期。

（3）从补偿的效果可分为“输血型”补偿和“造血型”补偿。

- “输血型”补偿：指在补偿过程中，政府或补偿主体将筹集起来的补偿资金定期转移给被补偿方，主要提供资金补偿。
- “造血型”补偿：指在补偿过程中，政府或补偿主体主要不是单纯的资金补偿，而是以项目支持的形式，将补偿资金转化为技术项目安排到补偿方，帮助生态保护区群众建立替代产业，或者对无污染产业的上马给予补助来发展生态经济产业。

（4）按照公共物品理论，生态补偿可分为纯粹公共物品、共同资源、俱乐部产品 3 种补偿类型。

- 属于纯粹公共物品的生态补偿类型，具有非排他性和非竞争性：主要包括大江大河的源头地区、国家级重要生态功能服务区、国家级自然保护区的生态补偿。补偿方主要是国家或中央政府，被补偿方则是这些区域上实施生态环境保护的地方政府、社区和居民。
- 属于区域间共同资源的生态补偿类型，在消费上具有竞争性，却无法有效地进行排他：主要包括跨省域的中小流域，不涉及生态全局，通常关系到流域上下游的两个或者若干个省份之间的生态补偿和污染赔偿问题。
- 属于俱乐部产品和具有地方性公共物品的生态补偿类型，可以比较容易地做到排他，在地方内部具有非竞争性：主要包括区域内城市水源地生态补偿、小流域生态补偿、区域内小流域生态污染赔偿、省级生态功能区和自然保护区的生态补偿、矿产资源开发和水电站的生态补偿等。这种类型的生态补偿可以由地方政府完成。在全国性的生态补偿法制框架建立的前提下，地方政府既可以选择财政补贴、征税进行补偿，也可以通过城市之间的自愿协商进行补偿。

除了上述分类以外，生态补偿还有许多分类方法。例如，从条块角度可划分为“上游与下游之间的补偿”和“部门与部门之间的补偿”。从补偿形式可分为“货币补偿”和“实物补偿”；从补偿途径可分为“直接补偿”和“间接补偿”等。

4.2　生态补偿的理论基础

关于生态补偿的理论依据，有几种主要的看法，一部分学者认为生态环境的外部性、公共物品特性是其需要补偿的主要原因，而另外一些学者认为生态补偿是马克思社会再生产理论的必然要求。

4.2.1 外部性、公共物品与生态资本理论

根据西方经济学的主流观点，引起资源过度耗费和环境恶化的经济根源在于外部性和产权不清。因此，外部性、公共物品和生态资本理论也成为生态补偿的主要理论依据①。

（1）外部性理论。外部性的概念是马歇尔首先提出的，他在分析外部环境对企业发展的影响时提出了外部性的概念。后来，马歇尔的学生庇古将外部性的概念发展到企业行为对外部环境的影响，从而形成了外部性理论。庇古在 1920 年出版的《福利经济学》一书中认为，外部性导致私人成本与社会成本的不一致，企业进行经济活动，其收益是企业的，而生产的外部成本并没有进入企业的生产函数。一般来讲，外部性是指，一个行为人的生产或消费对其他行为人的生产或消费产生了影响，但这种影响不是通过市场交换发生的，因此它对产生这种影响的行为人的成本或收益没有影响。

经济学教科书中的外部性定义是：用来表示当一个行动的某些效益或成本不在决策者的考虑范围内时产生的一些低效率现象，用数学语言可表达如下：

$$U_j=U_j（X_{1j}，X_{2j}，X_{3j}，\cdots，X_{nj}，X_{mk}） \qquad j\neq k$$

只要某一个 j 的福利受到他自己所控制的经济活动 X_i，同时也受到另外一个人 k 所控制的某一经济活动 X_{mk} 的影响，我们就说存在外部效果。

一种消费或生产活动对其他消费或生产活动所产生的外部影响有好有坏，如果这种外部影响是有利的，则称为“外部经济性”；如果是不利的，则称为“外部不经济性”。这里所强调的“在没有市场交换的情况下”，是指这种影响并没有通过市场价格机制反映出来，即当存在“外部经济性”时，行为主体没有因为其产生的外部利益而得到报酬，受影响者也没有因得到外部利益而支付成本；当存在“外部不经济性”时，行为主体也没有因其行为所产生的外部不利影响而支付成本，受影响者也没有因受到损害而得到报酬，无偿损害，无偿受益。

在生态保护领域，大量存在着外部性现象。例如，位于一条河流上游的农民为了生存，而进行伐木生产，由于他的伐木行为而使河流两岸的土地松动，缺乏保护，从而造成水土流失，使下游居民受到损失。但这时上游的农民也许根本不知道下游发生了什么事，他也就不会意识到自己行为所带来的危害。对资源的开发利用一般会产生外部不经济性，而保护、建设生态环境则会产生外部经济性。

---

① 沈满洪、杨天：《生态补偿机制的三大理论基石》，《中国环境报》，2004 年 3 月 2 日。

实行生态补偿制度就是要将经济外部性内部化，从而纠正生态保护领域中因为经济外部性而引起的市场失灵。

西部地区实施的天然林禁伐和退耕还林还草工程建设具有明显的正外部性，表现为它在为其生产者带来产出和收益的同时，也为社会带来了好处。这种好处表现在以下几个方面：①增强江河上游地区的蓄水能力，降低中下游洪涝灾害的发生频率，增加对中下游的水源供给。减少大江、大河中下游河床的泥沙淤积，为内河航运业的发展创造便利的条件。②植被的增加，既能防沙固沙，又能形成一道天然的生态屏障，有效减缓内陆冷气流向中、东部地区的扩展速度。尤其可以有效预防沙尘向中、东部地区扩散，给中、东部地区的经济建设和人民生活创造优越的环境条件。③有利于生物多样性保护，为可持续发展作出积极贡献。

（2）公共物品理论。在经济学史上，萨缪尔森是现代福利经济学中公共产品理论的奠基人。1954 年，萨缪尔森发表了一篇著名的论文——《公共支出的纯粹理论》，该论文给出了公共物品的经典定义：某种私人物品的总消费量等于全部消费者对私人物品消费的总和，用公式表示为：

$$X_j = \sum_{i=1}^{I} X_j^i \quad (j = 0,1,\cdots,j)$$

式中：X——最终消费品，上标 i 为消费者人数，下标 j 为私人物品投入量；

X_j——最终消费品的 j 次私人物品投入量，显然它应该等于全体消费者 i 的总投入量。

而公共物品的消费总量则等于任何一位消费者的消费量，用公式表示即：

$$X_k = X_k^i \quad (i = 1,\cdots,I; k = j+1,\cdots,j+k)$$

根据萨缪尔森的定义，公共物品具有两个基本特征：①消费上的非排他性。非排他性指的是不可能阻止不付费者对公共物品的消费，对公共物品的供给不付任何费用的人同支付费用的人一样能够享有公共物品带来的益处。公共物品的这种性质，使得私人市场缺乏动力，不能有效地提供商品和服务。②消费上的非竞争性。指一个人对公共物品的消费不会影响其他人从对公共物品的消费中获得的效用，即增加额外一个人消费该公共物品不会引起产品成本的任何增加。具备这些特性的物品称为纯粹公共物品。

关于公共物品的分类，布坎南在《俱乐部的经济理论》一文中明确指出，根据萨缪尔森的定义所导出的公共物品是“纯公共产品”，而完全由市场来决定的物品是“纯私人产品”。现实世界中，大量存在的是介于公共物品和私人物品之间的一种商品，称为准公共物品或混合商品。在此基础上，有学者根据竞争性和排他性的有无将公共物品分为四类（表 4-1）。

表 4-1　公共物品的分类及特征

	排他性	非排他性
	私人物品	共同资源
竞争性	● 排他成本较低 ● 由私人公司生产 ● 通过市场分配 ● 通过销售收入融资 ● 实例：食物、衣服等	● 产品利益由集体消费但受拥挤约束 ● 由私人公司或直接由公共部门生产 ● 由市场分配或直接由公共预算分配 ● 通过销售收入融资 ● 实例：公园、共有财产资源
	俱乐部物品	纯公共物品
非竞争性	● 含外在性的物品 ● 由私人企业生产 ● 通过含补贴或矫正性税收的市场分配 ● 通过销售收入融资 ● 实例：学校、有线电视等	● 很高的排他成本 ● 直接由政府生产或与政府签约的私人企业生产 ● 通过公共预算分配 ● 通过强制性税收收入筹资 ● 实例：国防

资料来源：杰克逊：《公共部门经济学》，中国人民大学出版社，2000 年。

一般认为，生态服务是一种公共物品。环境污染给社会带来成本，是一种劣的公共物品或公害品。环境改善使所有人受益，其具有非竞争性、非排他性和外部性的特点。例如，即使某人自己出资治理了城市的大气污染，他也不可能阻止其他居民免费“搭车”，共享好处，这是环境公共物品的非排他性。再如大气环境，某人呼吸新鲜空气不会影响他人对新鲜空气的吸收，这是环境公共物品的非竞争性。由此可见，作为公共产品的生态服务，消费中的非竞争性会导致“公共的悲剧”——过度使用公共产品；消费中的非排他性会导致“搭便车”心理——供给不足。在此方面，生态环境补偿机制便是通过制度创新让受益者付费，使生态保护者能够像生产私人物品一样得到有效激励。

（3）生态资本理论。生态资本，又称自然资本（Natural capital）①，是生态经济学的重要范畴。随着人类经济活动的不断发展，制约经济增长的因素也在发生变化。过去人们主要将物质财富作为资本，但随着可持续发展思想的深入以及资源环境问题的严重，人们提出了自然资本。世界银行于 1995 年向全球公布了新的衡量可持续发展的指标体系，并宣称，“这一新体系在确定国家发展战略时，不再

① 国外学者一般称为自然资本，而我国学者多称为生态资本，在本文，两者的内涵是一致的。

是用收入（income），而是用财富（wealth）作为出发点。它对传统思维提出了挑战，同时也使财富的概念超出了货币与投资的范畴。它有史以来第一次以三维的立体形式，而不是过去常用的局限于单因子的形式，来展示世界上各个国家或地区的真实财富。”（World Bank，1995；世界银行，1998；中国科学院，2000）世界银行认为，过去常用人均国民生产总值（GNP）来衡量国家财富，这种做法很不全面，必须扩大对于国家财富的理解与衡量手段。世界银行提出了 4 种类型的资本：①产品资本或人造资本。指的是所使用的机器、厂房、道路以及所生产的产品与所提供的服务等，这在以往一直用 GNP 来表示。它代表可转换为市场需求的能力。②生态资本。包括水资源、农田、草原、森林、自然保护区、非木材的森林价值、金属与矿产以及石油、煤与天然气等。它代表生存与发展的物质基础。③人力资本或人力资源。包括各类不同的劳动力、知识与技能、对教育、保健与营养方面的投资等。它代表对于生产力发展的创造潜能。④社会资本。指的是一个社会能够发挥作用的文化基础、社会关系和制度等。它代表国家或地区的组织能力与稳定程度。这四类资本综合地反映了人类社会为实现可持续发展所必须具备的物质基础、市场需求、人的创造潜能以及人同自然之间和人类社会内部的协调能力，无论在理论上或在实用上都比较全面合理，因而受到了广泛的重视。特别是生态资本，它是人类经济活动的基础。

生态资本主要包括 4 个方面：①能直接进入当前社会生产与再生产过程的自然资源，即自然资源（可再生的和可耗竭性的）总量和环境消纳并转化废物的能力（环境的自净能力）；②自然资源（环境）的质量变化和再生量变化，即生态潜力；③生态环境质量，这里是指生态系统的水环境质量和大气等各种生态因子为人类生命和社会生产消费所必需的环境资源；④生态系统作为一个整体的使用价值。生态资本与物质资本和人力资本之间具有相互替代性（刘思华，1997）。

上述这些理论都从不同的角度论述了对环境资源利用进行生态补偿的合理性。其基本思路是通过恰当的制度设计使环境资源的外部性成本内部化，由环境资源的开发利用者来承担由此带来的社会成本和生态环境成本，使其在经济学上具有正当性（王金南，2006）。

4.2.2　马克思的社会再生产理论

任何社会的生产活动都是连续不断、周而复始地进行着的，这种不断重复、不断更新的过程就是社会再生产。社会资本再生产的核心问题就是社会总产品的实现问题。社会总产品是指社会在一定时期内所生产的全部物质资料的总和，社会总产品的实现包括相互联系的两个方面：价值补偿和物质补偿。价值补偿是指社会总产品必须全部售出，转化为货币，使全部预付总资本的价值和剩余价值都得到实现，以补偿已消耗掉不变资本和可变资本的价值。物质补偿是指在社会生产过程中消耗掉的（包括需要追加的）全部生产资料和工人、资本家需补充的全部生活资料，必须能够从社会总产品中购买到。只有这样，新的再生产过程才能重新开始。

为了分析社会总产品的实现问题，马克思将社会总产品在价值形态上分为 3 个部分，即不变资本（c）、可变资本（v）和剩余价值（m）。同时在物质形态上，根据社会总产品的最终用途分为两大部类，即生产资料和消费资料。把社会总产品在价值上分成 3 个部分和把社会生产分为两大部类，是马克思社会资本再生产理论的两个基本原理。

在简单再生产过程中，社会总产品实现的关键在于两大部类之间的交换，要求两大部类之间有一个基本的平衡关系，即第一部类的可变资本和剩余价值之和要等于第二部类的不变资本。

在扩大再生产过程中，同样要求两大部类之间有一个基本的平衡关系，即第一部类创造的新价值之和必须等于第二部类不变资本与两大部类追加的不变资本之和。

因此，在社会再生产过程中，总是存在着物质补偿和价值补偿的双重关系，一旦物质补偿或价值补偿无法实现，社会再生产也就失去了相应的保障。物质补偿有两种形式：①补偿、更新从过去一直到现在已经积累起来的资料，实现原有规模的再生产；②积累，在实物形态上增加现有劳动资料，实现扩大再生产。

社会再生产是物质资料再生产和生态环境再生产的统一。生态系统提供的各种生态服务不仅是人类赖以生存和发展的物质基础，而且是社会财富的主要来源。生态服务价值的补偿具有重要的意义，它一方面包含了其本身所具有的效用，另一方面也凝聚了人类的劳动，这两部分价值都需要在经济生产过程中不断地得到补偿。

然而，长期以来，在我国政治经济学的教学和科研中，按照马克思的再生产公式，即马克思的社会再生产模式，基本上只是研究物质资料生产与再生产，甚至把物质资料生产理论说成了整个社会再生产理论。从 1970 年代中期起，我国学术界的一些学者开始从马克思主义人口理论的探索中，发掘出了人类自身的生产必须同物质资料生产相适应的两种生产理论，并把它作为人口经济学的一条基本原理，使我国学术界从一种生产理论发展为两种生产理论。1983 年，我国最早从事生态经济学研究的学者，又提出了环境再生产理论，从而形成 3 种生产理论。

1980 年代中后期以来，刘思华先生在系统地研究了马克思的再生产理论之后，明确提出了 4 种再生产理论，他在 1989 年出版的《理论生态经济学若干问题研究》一书中，较为详细、全面地讨论和阐明人口、物质、精神和生态再生产相互适应与协调发展的生态经济再生产理论，并把它作为生态经济学的一条基本原理。20 世纪末，随着可持续发展经济学的兴起，刘思华先生又以生态经济再生产理论为核心建立了可持续发展经济再生产理论。主要包括以下内容[①]：①推进单一的物质再生产模式向 4 种再生产模式转变，实现 4 种再生产相互适应与协调发展，是建构可持续经济发展模式的客观要求。②可持续发展经济运行模式的基本内容包括：一是以实现人的全面发展为最终目标，也就是以满足人的全面需求为中心的价值取向。要求实现满足人的物质、精神、生态多方面的需求。二是可持续发展经济运行模式把精神再生产提供智力支持创新能力和精神力量提到头等重要地位。三是 4 种再生产相互适应与协调发展，不仅仅要求社会总供给和总需求的相互平衡，更要求经济系统再生产的总需求与生态系统生产的总供给的相互平衡。

事实上，在马克思的生产与再生产理论中，不仅对社会经济再生产的实现条件作了深刻分析，而且明确提出了自然生态再生产过程中自然物质减少的补偿问题。由此可见，马克思的社会再生产理论，特别是生态再生产理论是实施生态补偿的重要理论基础，生态补偿即是通过保护、恢复和建设生态环境，对生态系统提供的各种服务进行价值补偿和物质补偿，从而求得经济系统再生产的总需求与生态系统生产的总供给的相互平衡。

4.2.3　马克思的物质变换理论[②]

物质变换最初是一个生理学上的概念。在马克思所处的时代，物质变换概念已经广泛流行于生理学、化学、农学等自然科学领域，是指动植物为维持生命所进行的物质代谢和生命循环。马克思的物质变换理论吸收了当时自然科学研究在这个问题上的基本内核，使之具有生理学、生态学的科学含义[③]。但马克思物质变换理论超越他人之处在于，它在人类思想发展史上，第一次把劳动作为人与自然

① 刘思华：《四种生产论的再思考》，《刘思华文集》，湖北人民出版社，2003 年。

② 本节内容主要参考了刘思华《生态马克思主义经济学原理》（第六章），人民出版社，2007 年。

③ 日本学者岩佐茂（2006）在其著作中写道：关于“人和自然之间的物质代谢”，《资本论》中大约使用过五次（此外也有“人与土地的物质代谢”这样的表述），在意思上可分为稍有差别的两种用法：①“劳动作为使用价值的创造者，作为有用劳动，是不以一切社会形式为转移的人类生存条件，是人和自然之间的物质代谢即人类生活得以实现的永恒的自然必然性。”②“劳动首先是人和自然之间的过程，是人以自身的活动来中介、调整和控制人和自然之间的物质代谢的过程。”

的中介，使劳动过程同人与外部自然之间的物质循环的过程实现了本质的统一，马克思把它称为人与自然之间的物质变换。这是马克思对物质代谢概念的创新与发展。

在马克思的自然理论及整个理论体系中，不仅全面地揭示了人与自然之间的相互依存与相互作用的辩证关系，而且科学地阐明了人与自然之间的物质变换的双向变换的辩证关系。在马克思的生产与再生产理论中，不仅对社会经济再生产的实现条件作了深刻分析，而且明确提出了自然生态再生产过程中自然物质减少的补偿问题。马克思以农业生产的自然力减少的补偿问题来说明。他说："可能有这种情况：在农业中，社会生产力的增长仅仅补偿或甚至补偿不了自然力的减少。"这样，就会"破坏着人和土地之间的物质变换，也就是使人以衣食形式消费掉的土地的组成部分不能回到土地，从而破坏土地持久肥力的永恒的自然条件"。可见，在人与自然之间物质变换过程中，自然物质因消耗而减少，得不到补偿，入不敷出使自然生态产品短缺，首先就会破坏自然生态系统中的物质代谢，从而阻碍人与自然之间的物质变换，使社会经济系统中的物质变换受阻，甚至出现了生态经济恶性循环。因此，社会生产力的增长能否补偿自然力的减少的问题，就是自然生态再生产实现的条件问题。而社会产品在物质上、价值上补偿自然生态再生产过程中自然产品的减少，这是人与自然之间物质变换得以顺利实现对人类劳动生产的基本要求。

因此，马克思人与自然之间进行的物质变换关系首先是一种生态活动和过程。生态补偿是一种生态活动，它增加了生态资本存量。要求用社会生产力的增长来补偿自然力的减少，用社会产品补偿自然产品的减少。对此，需要指出：用社会生产力替代自然力，用社会产品补偿自然产品并不表示承认生态资本能够完全与人造资本互相替代。马克思的物质变换理论强调的是人类在从自然界获取资源和服务的同时也要向自然界投资，要维持生态资本的存量。这种意义上的补偿首先是一种生态活动，而不仅仅是一种经济替代关系。

另一方面，马克思人与自然之间进行的物质变换关系又发展成人与人之间的经济过程及关系。人与自然的物质变换的生态经济形态，是通过多种具体形式实现的，刘思华先生认为，主要有 3 种基本形式：①人的物质资料的生产（包括流通）过程，这是人与自然之间进行物质变换的一种最基本的、最普遍的形式。它是把产品当做劳动即活的个人发挥作用的劳动力的生活资料来消费；②人的物质资料的消费过程，它是把产品当做活的个人的生活资料来消费；③人的自然物质的消费过程，它是直接把自然生态产品当做活的个人的生活资料来消费。在 21 世纪的生态时代，人与自然之间的物质变换的任何形式，都是通过生产、交换、分配、消费的经济活动来实现。

马克思的自然理论的核心问题，就是人与自然相互关系学说。马克思人与自然相互关系学说最突出的理论贡献，就是科学地论证了人与自然之间的发展关系的缔结，它在本质上是物质变换的关系。马克思的物质变换理论，从纯经济学的角度来说，是对人类社会物质生产本质的科学概括；从整个生态系统的生态学的角度来看，这个理论是对生态经济本质的深刻揭示。

马克思物质变换理论告诉我们：正确处理与协调人与自然之间的物质变换关系，要求人类的劳动生产必须做到：①人对自然的利用、占有、索取和补偿、爱护、恢复良性循环必须有机结合起来；②把改变自然、全面建设自然和创新自然、美化自然有机结合起来，实现“自然界的真正复活”。马克思并没有把劳动归结为人单方向地支配、占有自然的过程，而是人与自然相互依赖、双向供奉的共同进化关系。这种双向进化的辩证思维，准确地反映了人类社会与自然界相互交换的客观规律，这在本质上是劳动过程的人与自然之间物质变换的生态经济规律。这是我们应当永远遵循的生态经济规律，也是我们开展生态补偿的理论依据。

长期以来，我国学者对劳动过程的人与自然之间物质变换关系的传统解释，基本上是一种人对自然利用、占用与索取的单向线性思维。这种思维定式把人看成只是自然的索取者，自然对人只是奉献者，即仅仅重视人与自然之间的物质变换过程中人对自然的要求的一面；而忽视，甚至漠视自然对人的要求的一面。这种解释也事实上导致了人们过于注重从自然界的索取，而对自然的保护和投资不足，其结果就是造成资源过度开采、环境污染和生态破坏。

开展生态补偿，本质上是通过一定的机制来保持生态资本存量不变或略有增加，是一种生态创新的生态经济活动。生态补偿主要是通过财政、税收、补贴等经济手段来协调各利益主体的利益关系，从而实现生态保护的目的，因此，生态补偿是一种经济活动。另一方面，生态补偿又是保护生态环境、建设生态环境的一种生态活动，是人类对自然界的补偿。从马克思的物质变换理论分析，生态补偿更侧重于人对自然补偿的一面。

4.3 国内外生态补偿的实践

4.3.1 国外生态补偿实践及经验

从世界范围来看，德国、美国等国家已经实施了生态补偿制度（葛颜祥等，2006）。在德国，生态补偿的资金支出主要用于改变地区间既得生态利益格局，实现生态服务水平的均衡。其实行的是州际间横向转移支付，以州际财政平衡基金为主要内容。横向转移支付基金由两种资金组成：①增值税由州分享部分的1/4；②财政较富裕的州按照统一标准拨付给经济落后州的补助金。为此，德国建立了一整套复杂的计算方法以确定转移支付的数额标准。在美国，政府为加大流域上游地区居民对水土保持工作的积极性，采用了水土保持补偿机制，即由流域下游水土保持受益区的政府和居民向上游地区作出环境贡献的居民进行货币补偿。在欧洲，瑞典、比利时等国家也以各种与环境有关的税收（绿色税）形式对生态环境进行补偿。

4.3.1.1 生态补偿的主要政策

目前，世界各国并没有专门的有关生态补偿的法律和政策，与生态补偿概念类似的相关规定大都包含在与生态系统保护密切相关的其他法律和政策之中，如农业政策、林业政策、自然资源开发政策等①。

（1）世界银行开展的生态补偿项目。2004年10月26—27日在北京召开的“生态保护与建设的补偿机制及政策国际研讨会”上，据世界银行环境局斯台方诺·巴乔拉（Stefano Pagiola）报告，世界银行环境服务补偿项目正在进行中的主要包括：哥斯达黎加的生态市场项目；哥伦比亚、哥斯达黎加、尼加拉瓜等国的区域综合森林牧场生态系统管理项目；危地马拉的西部高原自然资源管理项目等。另外，准备中的项目有：墨西哥的全国环境服务补偿方案的技术协助；委内瑞拉的卡内马国家公园项目；南非的CAPE环境保护行动方案；多美尼加、厄瓜多尔、萨尔瓦多等国的环境服务补偿试点项目等。会上，世界农林业中心也介绍了山区贫困农民生态服务补偿项目（Rewarding Upland Poor for Environment Services，CRUPES）。这一项目旨在减少亚洲山区的贫困，改善生活生计，保护山区环境，同时支持在全球和地区范围内的环境保护。

（2）发达国家开展生态补偿的成功案例。

案例一：德国、美国矿区复垦政策中有关补偿的相关规定

德国对矿区恢复的规定。近年来，德国联邦政府针对新老矿区的不同情况，采取相应解决方法，取得了明显成效。对于历史遗留下来的老矿区，专门成立矿山复垦公司专司此项工作，复垦所需资金由政府全额拨款，并按联邦政府占75%、州政府占25%的比例分担。对于新开发矿区，根据联邦矿山法的有关规定要求：矿区业主必须对矿区复垦提出具体措施并作为审批的先决条件；必须预留复垦专项资金，其数量由复垦的任务量确定，一般占企业年利润的3%；必须对因开矿占

① 高彤、杨姝影：《国际生态补偿政策对中国的借鉴意义》，《环境保护》，2006年第10期。

用的森林、草地实行等面积异地恢复。在开发和复垦的过程中，政府制定了严格的环保法规和标准，并经常进行专项检查，确保复垦工作落到实处。

美国对矿区恢复的规定。美国是最早开始关注矿区生态环境修复的国家之一。1977 年 8 月 3 日美国国会通过并颁布了第一部全国性矿区生态系统修复法规——《露天采矿管理与（环境）修复法》。在生态治理的责任方面，对于法律颁布前后的矿区破坏区别对待：颁布后出现的矿区生态破坏，一律实行“谁破坏，谁恢复”，由矿山主 100% 进行修复；法律颁布前已破坏的废弃矿区，则由国家通过建立治理基金的方式组织恢复治理。美国国库账册中设有“废弃矿恢复治理（复垦）基金”，每个州也都设有该州的废矿恢复治理基金。另外在资源开发过程中，美国将开采许可证制度与生态补偿与修复挂钩，并实行恢复治理保证金制度。在开采许可证申请得到批准但尚未正式颁发以前，申请人先交纳恢复治理保证金。该保证金在采矿者不履行恢复治理计划时用来支付恢复治理作业的费用，每一个许可证所呈交的保证金不得少于 1 万美元，完成恢复治理且验收合格后予以返还。

案例二：美国耕地的保护性储备计划

保护性储备计划（Conservation Reserve Program，CRP），是美国保护性退耕计划（Land retirement programs）的一个重要组成部分，始于 1985 年。这个计划源于在美国有一部分耕地是处在土地极易侵蚀退化的地区，因此政府希望通过与农民签订合同使之放弃在这类生态敏感的土地上耕作，并且帮助他们种草种树，使土地重新覆盖植被，从而达到保护生态环境的目的。

按照登记注册的土地数量，政府向签订合同的农民以一定土地租税价来支付租金，并且可以分担农民在建设保护地过程中大约 50%的成本，一般项目的合同期为 10～15 年。补偿资金由政府提供，但在项目实施过程中则利用了市场机制，并遵循农户自愿的原则。如项目的租金率是根据土地的生产潜力，通过引入竞争机制来确定与当地自然经济条件相适应的租金率，也就是补偿标准。在美国，不同州的租金率是不同的。在合同期满后农户可以根据当时农作物的市场行情来确定是否参加下一个阶段的退耕项目。

相关的研究表明，保护性储备计划从 1985—2002 年，已有 1 360 万 hm^2 耕地退出农业生产活动，涉及 37 万农户，美国农业部每年要支付约 15 亿美元用于支付土地租金和转换生产方式的成本，平均补偿金额每年为 116 美元/hm^2。退耕的土地 60%转为草地，16%转为林地，5%转为湿地。

案例三：美国纽约市与上游的清洁供水交易

纽约市 900 万市民的饮用水，有 90%来源于上游卡茨基尔河（Catskills）和特拉华河流域。1980 年代后期开始，微生物污染引起了越来越多的关注。1989 年美国环保局要求，所有来自于地表水的城市供水，都要建立水的过滤净化设施，但那些已有水处理环节或自然条件能够提供安全饮用水的企业可以例外。

纽约市估算，要建立新的过滤净化设施需要投资 60 亿～80 亿美元，加上每年 3 亿～5 亿美元的运行费用，成本非常高。而如果对上游卡茨基尔河和特拉华河流域在 10 年内投入 10 亿～15 亿美元以改善流域内的土地利用和生产方式，水质就可以达到要求。另外，这项费用的主要来源是对用水户征收 9%的附加税，为期 5 年。而要新建一座水过滤厂，其税率可能需要提高 2 倍。纽约市最后决定投资购买上游卡茨基尔河和特拉华河流域的生态服务。资金的来源分为 3 个部分：政府对水用户征收的附加税、纽约市公债以及信托基金。具体的实施方式是纽约市为该流域内采取最好管理措施的奶牛场和林场经营者提供了 4 000 万美元，让他们采用环境友好的生产方式来改善水质。绝大多数农场主都表示，只要发放的补助可以抵消所有新增成本，他们都同意参加该项目。

案例四：德国水源生态补偿制度[①]

易北河贯穿两个国家，上游在捷克，中下游在德国。1980 年前从未开展流域整治，水质日益下降。1990 年后德国和捷克达成采取措施共同整治易北河的双边协议，成立双边合作组织，由两国专业人士组成，目的是长期改良农用水灌溉质量，保持两河流域生物多样，减少流域两岸排放污染物。双边组织由 8 个专业小组组成：行动计划组、监测小组、研究小组、沿海保护小组、灾害组、水文小组、公众小组和法律政策小组。易北河流域整治的经费来源：①排污费，居民和企业的排污费统一交给污水处理厂，污水厂按一定的比例保留一部分资金后上交国家环保部门；②财政贷款；③研究津贴；④下游对上游的经济补偿。2000 年，德国环保部门拿出 900 万马克给捷克，用于建设捷克与德国交界的城市污水处理厂。现在，易北河水质已经大大改善，德国又开始在三文鱼绝迹多年的易北河中投放鱼苗并取得了成功。

4.3.1.2 若干经验和启示

（1）项目运作是实现补偿的主要方式。从上述案例可以看出，不论是哪种生态服务的支付类型，都不是对某一项政策或某一项法律条款的简单执行。法律政策只是传达国家或地方政府要实现生态保护目标的决心，对包括补偿在内的保护措施做一些原则性和结论性的规定。而不论采取何种方式来实现政策目标，大多都通过具体项目的实施方式落到实处。因此对于中国建立生态补偿机制而言，从当前看，最主要的是构筑生态补偿的国家战略框架：①把生态补偿的原则需求体

① 王梵：《论我国生态补偿制度的完善》，郑州大学硕士学位论文，2006 年，第 13-14 页。

现在制度设计当中；②在政策执行过程中，项目运作可能是比较有效的方式。

（2）补偿政策的实现要与其他政策的调整相结合。不管是采取公共支付方式，还是基于市场的生态服务购买，生态补偿目标的实现都不是制定单一政策就可以达到的，必须配合其他相关政策的调整。比如在纽约市的清洁供水交易案例中就涉及税费的调整；在欧盟生态标志产品案例中涉及产品标准、环境标准的调整等。所以，未来中国生态补偿机制的建立过程中，一定要注意对与之相关的其他系列政策的调整，必要时还应该给予地方一定的灵活度。

（3）政府和市场的作用是相辅相成。从国外对生态服务功能购买的实践看，虽然有的方式以政府为主导，有的方式以市场为主导，但政府与市场之间并不是完全对立的。如在美国的耕地保护性储备计划中，虽然是属于政府购买生态服务，但是在土地租金率的确定过程中，引入了市场的竞争机制，使得最终确定的租金率与当地的自然经济条件相适应，增加了农民的可接受程度，确保了项目目标的达成。而在私人交易、市场贸易和生态标签体系中，政府的指导、监督作用也是不容忽视的。因此我们在生态补偿机制的设计过程中，一定要正确处理市场和政府的关系，不要把二者人为地割裂开来。在一些大江大河和重要生态功能区的生态补偿中，政府处于主导地位，但也不妨在适当环节充分利用市场机制，如利益相关者的参与及协商机制，以保证公共支付政策的效率和长效性。对一些中小流域上下游之间的补偿，或是以市场手段实现的补偿，市场机制可以占主导作用，但政府应在制度完善、市场培育方面发挥作用，同时也不能放松对交易过程的监管。

（4）公共支付体系可以有多种实现形式。目前无论从规模还是资金量来说，公共支付都是在中国发挥主导作用的生态补偿方式。但是公共支付不一定只有政府购买一种实现形式，也可以通过其他一些代表公共利益的机构来代替政府发挥作用。如在生态补偿的实现形式中，也可以更多地发挥社会团体和公众的力量，以作为政府管理的有力补充。

4.3.2　中国生态补偿的发展现状

4.3.2.1　我国生态补偿的发展历程

（1）生态补偿的起始阶段。早在 1983 年，针对采矿业对生态环境造成严重影响和破坏，云南省以昆阳磷矿为试点，每吨矿石征收 0.13 元，用于采矿区植被恢复及其他生态破坏的恢复治理，这可视为我国施行生态补偿政策的开始。随后，又有一些省（区）陆续开始征收针对矿产开发的补偿费用。如 1989 年，江苏省制定并实施《江苏省集体矿山企业和个体采矿业收费试行办法》，规定对集体矿山和个体采矿业开始征收矿产资源费和环境整治基金；1990 年，福建省决定对国营、集体和个体煤矿征收“生态环境保护费”；1992 年广西壮族自治区开始对乡镇集体矿山和个体采矿企业实行排污费征收制度；1993 年国务院批准在晋陕蒙接壤地区的能源基地试行生态环境补偿政策等。

对森林生态效益的补偿是我国较早开始探索的另一种生态补偿形式，基于对森林生态效益认识的逐步加深。在 1989 年四川乐山的一次学术研讨会上，森林生态效益补偿的政策思路被正式提出。到 1995 年，该思路写入了《林业经济体制改革总体纲要》，1995—1997 年，在经过林业部门有关人员的努力下，财政部和林业部向国务院呈报了《森林生态效益补偿基金征收管理暂行办法》，1998 年森林生态效益补偿基金正式写入了《森林法》，从而为开展森林生态效益补偿制度奠定了法律基础。

总体来看，从 1980 年代初至 1990 年代中后期的 10 余年里，是我国生态补偿政策萌生并初步发展的阶段，实施范围主要是针对矿产开发所引起的生态环境问题及森林的公益性生态效益而发起的。从费率确定、补偿标准、实施管理办法、社会经济和环境效果等方面看，也都还有许多需要改进和完善的地方。该阶段可看做我国生态补偿的起始阶段。

（2）生态补偿的快速发展阶段。进入 1990 年代以来，由于长期偏重经济发展而带来的生态环境问题日渐突出，我国政府在 1990 年代末启动了以退耕还林、天然林保护等为代表的一系列大型生态建设工程，其涉及区域之广，政府投入力度之大，史无前例，而与之相应的补偿措施则将我国的生态补偿推向了快速发展的阶段。

进入 21 世纪以来，除了大型的林业工程之外，我国还在其他领域开展了一系列的生态补偿计划或项目，如农村新能源建设、水土保持补贴和农田保护等。1999 年农业部制定了《农村沼气建设国债项目管理办法（试行）》，规定对农村沼气建设项目进行补贴。水利部门联合财政部门制定了《小型农田水利和水土保持补助费管理规定》，将“小型农田水利和水土保持补助费”的专项资金纳入国家预算，用于补贴、扶持农村发展小型农田水利、防治水土流失、建设小水电站和抗旱等。此外，一些地方性生态补偿项目也逐步兴起。如新疆为了解决塔里木河下游干涸和土地荒漠化问题，对中上游用水施行限额政策；浙江省为保护生态环境对一些造纸厂和化工厂进行关闭和补偿；在上海浦东区的生态补偿收费试点过程中，浦东区规定：凡是从事对生态环境有不良影响的新建、改建和扩建项目，均实行生态补偿收费制度，并视污染情况不同进行分类，对不符合产业导向的重污染项目征收高额生态补偿费。

2007 年 8 月，国家环保总局出台了《关于开展生态补偿试点工作的指导意见》，通过试点工作，建立重点领域生态补偿标准体系，推动相关生态补偿政策法规的制定和完善，为全面建立生态补偿机制奠定基础。目前将重点在 4 个领域推动开展生态补偿试点工作：①自然保护区的生态补偿。要理顺和拓宽自然保护区投入渠道，提高自然保护区规范化建设水平；引导保护区及周边社区居民转变生产生活方式，降低周边社区对自然保护区的压力；全面评价周边地区各类建设项目对自然保护区生态环境破坏或功能区划调整、范围调整带来的生态损失，研究建立自然保护区生态补偿标准体系。②重要生态功能区的生态补偿。推动建立健全重要生态功能区的协调管理与投入机制；建立和完善重要生态功能区的生态环境质量监测、评价体系，加大重要生态功能区内的城乡环境综合整治力度；开展重要生态功能区生态补偿标准核算研究，研究建立重要生态功能区生态补偿标准体系。③矿产资源开发的生态补偿。全面落实矿山环境治理和生态恢复责任，研究制定科学的矿产资源开发生态补偿标准体系。④流域水环境保护的生态补偿。各地应确保出界水质达到考核目标，根据出入境水质状况确定横向补偿标准；搭建有助于建立流域生态补偿机制的政府管理平台，推动建立促进跨行政区的流域水环境保护的专项资金。

4.3.2.2　我国生态补偿的主要实践

当前，我国政府主导实施的重大生态建设工程包括退耕还林（草）、天然林资源保护、退牧还草、“三北”防护林建设和京津风沙源治理等。这些项目主要投资来源是中央财政资金和国债资金，项目区域范围广、投资规模大、建设期限长，是当前国家生态保护和建设的重要举措。

（1）退耕还林（草）工程。退耕还林工程是迄今中国政策性最强、投资最大、涉及面最广、群众参与程度最高的一项生态建设工程。2002 年国务院制定了《退耕还林条例》，将工程的内容、范围、措施和各部门的责任等做了明确规定。退耕还林工程的补偿包括对退耕农户和地方政府两部分，对退耕农户，国家无偿提供粮食、种苗费和管护费补助，对地方财政因退耕还林减收部分，国家采取转移支付的方式进行补偿。国家林业局的统计显示，工程实施涉及 25 个省区市的 3 200 多万农户、1.24 亿农民。截至 2006 年，已累计完成退耕地造林 926.67 万 hm^2、荒山荒地造林 1 366.67 万 hm^2、封山育林 133.33 万 hm^2，中央政府已经完成投资 1 300 多亿元。

退耕还林实行以来，取得了巨大成绩，但也存在一些问题。例如，康慕谊等（2006）分析了退耕还林（草）在黄土高原地区实施过程中存在的问题：①退耕还林过程中经济林比重过大，生态林比重较小。按照国家规定，所还林地中，生态林的比重应占 80%左右，经济林的比重仅占 20%。但在经济利益的驱动下，许多地区的经济林比重远超于国家规定。②群众因生活得不到切实改善而参与生态环境建设的积极性不高，有些地区存在退耕补偿粮款难兑现和补偿不足等问题。③即使在有些地区现有的补偿标准暂时提高了农民的收入，但也产生了一些负面影响。如一部分劳动力闲置，且过度依赖国家补贴，自立能力弱；虽然耕地减少，但农民提高土地集约化水平的积极性不高，一旦停止补助，就会失去生活来源。④有些地区，补偿提高了农民的收入，因而为了获取更多的补偿款，农民盲目扩大退耕范围，甚至占用基本农田。

（2）天然林资源保护工程[①]。1998 年洪涝灾害后，针对长期以来我国天然林资源过度消耗而引起的生态环境恶化的现实，党中央、国务院从我国社会经济可持续发展的战略高度，做出了实施天然林资源保护工程的重大决策。该工程旨在通过天然林禁伐和大幅减少商品木材产量，有计划分流安置林区职工等措施，主要解决我国天然林的休养生息和恢复发展问题。工程实施范围包括长江上游、黄河中上游地区和东北、内蒙古等重点国有林区的 17 个省（区、市）的 734 个县和 163 个森工局。长江流域以三峡库区为界的上游 6 个省（区、市），包括云南、四川、贵州、重庆、湖北、西藏。黄河流域以小浪底为界的 7 个省（区、市），包括陕西、甘肃、青海、宁夏、内蒙古、山西、河南。东北、内蒙古等重点国有林区的 5 个省区，包括内蒙古、吉林、黑龙江（含大兴安岭）、海南、新疆。天保工程区有林地面积 6 820 万 hm^2，其中天然林面积 5 640 万 hm^2，占全国天然林面积的 53%。

工程实施的主要思路是对林场实施分类经营，即将主要林区划分为重点生态公益林、一般生态公益林和商品林基地等，对重点生态公益林实施严格保护，通过经营商品林弥补天然林采伐量减调的缺口。按照全国天然林保护工程规划，长江上游和黄河中上游地区是天然林保护工程实施的重点区域，分布有天然林 7 000 万 hm^2，占全国 1 107 亿 hm^2 天然林的 69%。在停采的基础上，加快长江上游、黄河中上游地区工程区内宜林荒山荒地造林绿化，封山育林 367 万 hm^2，造林 866 万 hm^2。整项工程合计总投入 1 064 亿元，其中基本建设投资占 18.18%，财政专项资金投入占 81.12%。国务院还规定，对于因限采、停采而造成还贷困难的森工企业的金融债务可以予以减免。

（3）退牧还草工程。2002 年 12 月 16 日，国务院正式批准西部地区 11 个省区市实施退牧还草工程。从 2003 年开始，用 5 年时间，在内蒙古、甘肃、宁夏的西部荒漠草原，内蒙古东部退化草原，新疆北部退化草原和青藏高原东部江河源草

① 国家林业局网站，http://www.forestry.gov.cn/old/SHTGC/01.htm。

原，先期集中治理 0.167 亿 hm^2，约占西部地区严重退化草原的 40%。退牧还草将采用禁牧、休牧和划区轮牧 3 种方式进行。退牧还草期间，国家将对牧民进行粮食和饲料补助。

（4）“三北”防护林建设工程①。1978 年 11 月，国家计划委员会批准国家林业总局《西北、华北、东北防护林体系建设计划任务书》。同时，国务院批准国家林业总局《关于在西北、华北、东北风沙危害和水土流失重点地区建设大型防护林的规划》，至此，“三北”防护林工程正式启动实施。工程涉及东北、华北、西北的主要生态脆弱区，建设区域横跨近半个中国。“三北”防护林体系建设期限共 73 年，整个规划项目区范围 406 万 km^2，被认为是世界上最大的生态建设工程。据国家林业局统计资料，自 1978 年开始实施以来，累计造林 2 315 万 km^2，在一定范围、一定时期和部分地区提高了森林覆盖率，改善了当地的生产生活条件。

（5）京津风沙源治理工程②。京津风沙源治理工程是党中央、国务院为改善和优化京津及周边地区生态环境状况，减轻风沙危害，紧急启动实施的一项具有重大战略意义的生态建设工程。工程区西起内蒙古的达茂旗，东至内蒙古的阿鲁科尔沁旗，南起山西的代县，北至内蒙古的东乌珠穆沁旗，涉及北京、天津、河北、山西及内蒙古 5 省（区、市）的 75 个县（旗）。工程区总人口 1 958 万人，总面积 45.8 万 km^2，沙化土地面积 10.12 万 km^2。工程区分为 4 个治理区，即北部干旱草原沙化治理区、浑善达克沙地治理区、农牧交错地带沙化土地治理区和燕山丘陵山地水源保护区，治理总任务为 14 819.47 万 hm^2，初步匡算投资 558 亿元。

1999 年林业部制定的《京津风沙源治理规划》，设置了封山育林、退耕还林、营造防沙固沙体系、退牧还草和生态移民等十大措施。从 2001—2010 年，将完成退耕还林 263 万 hm^2，营林造林 500 万 hm^2，草地治理 1 060 万 hm^2，修建水利配套设施 1 114 万处，小流域综合治理 213 万 km^2，生态移民 18 万人。

4.3.2.3 我国生态补偿中存在的问题

（1）生态补偿的范围过窄。目前，我国的生态补偿主要局限于退耕还林、天然林保护、矿区植被恢复等内容，其他方面的补偿刚刚兴起。然而，在国际上，生态补偿的实施范围已经很广。如美国的土地休耕计划，欧盟对有机农业、生态农业、传统水土保持措施，甚至地边田埂生物多样性的保护措施等，哥斯达黎加为保护森林和减轻温室气体排放而建立的可确认贸易补偿制度（Certified Tradable Offsets，CTOs），巴西在恢复退化林地和增加保护区面积的进程中实施的生态增

① 详细内容可参见国家林业局网站，http://www.forestry.gov.cn/old/SHTGC/04.htm。

② 国家林业局网站，http://www.forestry.gov.cn/old/SHTGC/03.htm。

值税、建立永久性私有自然遗产保护区等，瑞典、丹麦、荷兰和德国等国将收入税向危害环境税转移等。另外，也有一些生态补偿项目不是直接用经济补偿，而是通过投资，对生态环境进行治理，最典型的是以色列、日本采用“中水回用”的方式减轻污水对环境的损坏和提高水资源利用效率。与其他国家相比较，我国的生态补偿还有许多方面有待开展。

（2）生态补偿的融资渠道单一。我国的生态补偿融资渠道主要有财政转移支付和专项基金两种方式。其中财政转移支付是最为主要的生态补偿资金来源。从目前我国生态补偿的财政转移支付方式看，纵向转移支付占绝对主导地位，即中央对地方的转移支付，而区域之间、流域上下游之间、不同社会群体之间的横向转移支付微乎其微。这种完全由中央政府埋单的方式显然与“受益者付费”的原则不协调。在欧盟等其他国家和地区，实际上非政府组织和地方政府在生态补偿实践中发挥着相当大的作用，企业与地方政府、企业与农场主之间为保护环境而达成的诸多契约构成了生态补偿的基本框架。例如，在德国巴伐利亚州的 Mittelfranken 地区，环境保护的政策措施及资金来源是由一个农民协会来负责；法国的 Perrier 公司为了能获得持续的清洁水源，给上游地区的森林所有者提供了一定数量的补偿金。类似的补偿方式在哥斯达黎加、哥伦比亚、澳大利亚、美国、巴西等国家和地区均广泛实施。这种多元化的补偿方式使得补偿资金不再单纯由政府负担，既减轻了政府的财政压力，又体现了社会公平。融资渠道多元化和补偿方式多样化是我国生态补偿进一步发展的基础。

（3）补偿标准不合理。生态补偿标准过低是普遍存在的问题。目前我国的生态补偿项目，无论是矿产开发补偿还是退耕还林补偿，其标准基本上采用“一刀切”的政策。如在退耕还林补偿中，全国仅分南方和北方两个补偿标准，这样的补偿方式在一些地区导致了“过补偿”现象，而在另一些地区却是“低补偿”。在黄河上游地区，每亩退耕还林土地补偿粮食 100 kg 或 140 元，并补助种苗费 50 元、管护费 20 元；长江上游地区的补偿标准为每亩地粮食 150 kg 或 210 元，种苗费 50 元、管护费 20 元。然而，这一补偿标准事实上造成退耕农民所获得的经济补偿低于（有的甚至远远低于）其在同一土地进行农业生产的经济效益。

由于补偿标准的制定缺乏科学依据，没有体现出因地制宜性，致使在执行过程中出现了许多问题和矛盾。

（4）部门色彩明显[①]。中国环境与发展国际合作委员会设立的“生态补偿机制与政策研究”课题组研究发现，现有生态补偿政策普遍带有较强烈的部门色彩。

---

① 陈宏伟、张帆：《生态持续恶化拷问中国生态补偿机制》，《中国经济时报》，2006 年 8 月 30 日。

这与我国的资源开发与保护，以及生态环境的维护涉及多个行政管理部门的现状有关。实际工作中表现为，以部门的生态保护责任为目的进行相应的政策设计，并以国家有关法律法规的形式将这些部门性的政策固化。

比较有代表性的是有关林业的相关补偿政策。在林业方面，我国已经实施的相关生态补偿政策有退耕还林、生态公益林补偿金、天然林保护工程等，虽然其初衷是为了减少森林资源的破坏，修复生态环境和维护森林生态系统功能，但政策的效果并不尽如人意，存在许多问题，特别是部门利益化和利益部门化。

按照有关规定，目前的补偿主要用于重点公益林专职管护人员的劳务费或林农的补偿费，以及管护区内的补植苗木费、整地费和林木抚育费。但是在政策的执行过程中，补偿金更多地成为各级林业部门的一项重要收入，与天然林保护工程的补偿资金一道由地方林业部门统筹使用。在地方调研中发现，一些欠发达地区，生态公益林补偿金、天然林保护工程的补偿资金基本上已经演变成了林业部门、林场、保护站等林业职工人员工资和日常运行开支的主要资金渠道。与此相类似，我国排污收费基金也成为一些地方环保部门日常管理资金的主要来源。

（5）缺乏生态补偿的长效机制。退耕还林、生态公益林补偿金等是最具有生态补偿含义的政策，其核心和出发点都是希望通过对为生态保护做出牺牲和贡献的农民、牧民等直接利益相关者进行经济补偿而实现保护和改善生态环境的目的。但是这些政策大多是以项目、工程、计划的方式组织实施，因而也都有明确的时限，导致政策的连续性不强，给实施效果带来较大的变数和风险。

如退耕还林政策的时限一般为 5～8 年，需要农户在这段时间里进行生产活动的转移，不再依附于土地开展农业生产。但从目前的政策实施效果看，农民能够成功实现转产的很少，多数还是基于土地开展生产。同样，退牧还草政策的时限为 5 年，政策实施期结束，牧民不可避免地会对草原展开新一轮的生态破坏。

因此，在政策的实施期限内，由于农、牧民为保护和改善生态环境所牺牲的经济利益能够得到一定的补偿，他们会限制自己的生产和开发活动，从而达到保护生态环境的目的。然而，当期限过后他们的利益得不到补偿的时候，为了基本的生活和发展需求，他们就不会再从保护生态环境的角度去限制自己的生产和开发，从而持续对当地的生态环境形成压力。这不仅不能改善和保护当地的生态环境，还可能造成更为严重的生态破坏或生态灾难。

第5章

生态补偿的实施机制

生态补偿作为一种新的生态环境保护机制已经得到了较广泛的运用，但实践中还存在着一些需要完善的问题。本章主要讨论生态补偿的实施机制，包括生态补偿的原则、补偿主体、补偿标准和补偿途径等内容。

5.1 生态补偿的原则

生态补偿的原则是制定生态补偿机制的基本准则，根据我国生态补偿的实践和理论，生态补偿的基本原则概括为以下几方面。

5.1.1 “谁污染，谁付费”原则

这是针对生态环境破坏者所采取的一条重要原则。通过对生态环境破坏者征收费用，将其所带给社会的外部成本内部化，使得环境污染的私人成本接近政府治理污染的社会成本，刺激生产者减少污染。污染者支付原则（Pollution Pay Principle）又称 PPP 原则，是指污染者应当承担治理污染源、消除环境污染、赔偿受害人损失的费用。1972 年 5 月，国际经济合作与发展组织环境委员会在《关于环境政策的国际经济方面的控制》一文中提出了 PPP 原则，并将其定义为“污染者应该承担由政府决定的控制污染措施的费用，以保证环境处于可接受的状态，换言之，在生产过程或消费过程产生污染的产品和服务的成本中，应当包括这些控制污染措施的费用”。OECD 最初提出这一原则时，主要是针对过去污染者将外部不经济性转嫁给社会的不合理负担，目的是将外部不经济性内部化。1974 年，OECD 在提出执行污染者支付原则的建议时，要求各成员国不应该通过补贴或税

收优惠来帮助污染者承担污染控制费用。因此，污染者支付原则可以被解释为“非补贴规定”，即污染者应当承担污染控制的全部费用。

5.1.2 “谁受益，谁付费”原则

这是针对生态环境改善的受益群体所采取的一条重要原则。仍以流域上游的保护为例，上游周边和下游受益地区或得利部门在享受流域生态环境改善所带来好处的同时，如若不给予付出努力的保护方一定的补偿，显然是有失公允的。补偿费用的收缴一般是从可操作性原则较强的水电费中抽取。但由于许多情况下，生态保护的受益主体不是很明确，此时，地方政府应当成为补偿的主体，并从其财政中支付或转移支付该部分费用。

5.1.3 “谁保护，谁受益”原则

这是针对生态环境保护者所采取的一条重要原则。众所周知，生态保护行为具有较高的正外部效应，如果不对包括流域在内的生态保护区以及保护者给予一定的补偿，那么，就会导致社会上“搭便车”行为的普遍存在（李秉祥、黄泉川，2004；沈满洪，2004）。同时，也会大大削弱保护人的积极性，从而不利于生态环境的保护和建设。流域生态的保护尤为如此，上游水源和河道的良好维护和保护，不仅改善和提高了下游地区的水质，降低了洪涝灾害的发生，还增强了流域内的景观价值，促进生态旅游事业蓬勃发展。因而，付出努力的生态环境保护者应当得到一定的补偿、政策优惠或税收减免的激励，将正的外部效应内部化。

5.1.4 “公平补偿”原则

环境资源是大自然赐予给人类的共有财富，所有人都有平等地享受生态服务的权利。一个人对环境资源的利用，不能损害他人的利益，否则，就应该给受损的人相应的补偿。一般地，生态的公平补偿原则包括代内公平原则、代际公平原则与自然公平原则（曹明德，2002；马燕、赵建林，2004）。代内公平原则是要协调好国家、生态区域内的地方政府、企业和个人之间的生态利益；代际公平原则是要兼顾当代人与后代人生态利益；自然公平原则体现在对各种生态类型补偿后的生态恢复上。流域补偿即减小环境外部不经济性内部化的手段，实现财富的第二次分配和转移，核心解决上下游流域保护的财富分配的公平性问题。

5.1.5 “广泛参与”原则

这是针对生态补偿过程中所有利益相关者和广大群众所应当采取的一条重要

原则。在环境污染方面司法监督不力和官僚盛行的年代，只有争取相关利益方的广泛参与和发言权，以及公众的舆论和监督，才能使得补偿机制的管理和运行更加有效率、民主化、透明化。另外，参与式发展不仅有利于保护和提高参与者的利益，同时也有助于提高他们对环境保护的意识和积极性。

5.1.6 “以人为本”原则

当代随着生态理念的形成，以“对自然实行控制”为目的的“人类利益中心主义”伦理道德观受到清算。基于生态保护对人类的重要性，人类实施了多种生物多样性保护措施。在源区建立国家级自然保护区，采取禁猎、禁牧限牧、退耕还林（草），这是对生物多样性进行保护的积极努力与制度选择。但在这一选择中，必须注意的是，无论何种关于生物多样性保护的制度，都不应忽视作为这一制度推进与实施者应有的地位，不能因保护自然而置人的基本地位于不顾，须建立以人为本的补偿机制。

5.2 生态补偿的主体与对象

生态补偿首先要回答“谁补偿谁”的问题，要明确补偿的主体和对象，这也是目前生态补偿中没有得到完全解决的主要问题之一。

5.2.1 生态补偿中的利益相关者

生态补偿从某种意义上讲就是生态服务在不同经济主体之间的让渡，只是由于生态服务的公共物品性质使得其通过市场途径的让渡存在很多局限性，所以才采用补偿这一手段。因此，首先必须明确某项生态补偿活动中的利益相关者。一般来说，从与生态资源的关系角度看，可以分为生态资源的保护者、破坏者和受益者三类；从生态补偿的利益关系角度看，可以分为生态效益的受益者、破坏者和受损者三类。

（1）生态保护的受益者。指在生态保护和建设过程中得到效益的经济主体。例如，流域下游企业和居民会因为上游居民保护森林而得到额外的效益。此时，下游居民就是生态保护的受益者。需要注意的是，某项生态效益的受益者有时是多个主体，而且各个主体之间具有不同的特点。由于生态环境效益的受益者处于不同的区域层次，因此效益内化载体（或支付者）也处于不同层次：当地、省内、国内、全球，它取决于资源及生态环境效益影响涉及的范围。

表 5-1 湿地生态补偿（生态服务效益的内部化）的层次

生态服务效益类型	生态效益内部化的主体/层次				生态补偿机制/方式
	土地/湿地所有者	省内	省外（国内）	全球	
农、渔、牧、副产品	√				对农民损失进行补贴
调节气候	√				
矿产资源	√				押金制
航运	X<	√			航运部门收费
水量的调节	X<	√			水利防洪部门收费
供应下游清洁水源	X<	X<	√		基金/下游补偿上游
净化环境	X<	X<	√		排污费
维持生物多样性	X<	X<	X<	√	基金
自然观光、旅游、娱乐、休憩	X<	X<	√		相关产业的附加收费
教育和科学研究	X<	X<	X<	√	基金
固碳复氧	X<	X<	X<	√	基金/CDM

注：（1）√表示补偿充分，X<表示实现不充分；（2）CDM 表示清洁发展机制。

资料来源：毛显强等：《生态补偿的理论探讨》，2002 年。

表 5-1 以湿地生态系统生态补偿为例反映出湿地生态补偿的层次，而不同层次的补偿以不同的方式或机制加以实现。从表中可以看出，湿地保护提供了多种生态服务效益，而且各种生态服务效益的影响范围不同，受益范围和主体范围也不同。

（2）生态环境的破坏者。指在生产生活过程中其行为对生态环境造成破坏的经济主体。例如，过度砍伐森林的居民、向河流倾倒废水的企业，等等。

（3）生态保护的受损者。既指在生态保护和建设过程中付出劳动和成本的经济主体（包括生态保护的建设者和管理者），也指因生态破坏而受到损害的经济主体。开展生态保护需要成本，包括直接成本和间接成本。例如，植树造林需要资金和人力，这些都是保护生态的直接成本。此外，为了保护生态而放弃土地其他用途得到的收益也是一种成本，可以称为机会成本。例如，怒江州人民为保护怒江而放弃开发水电项目所产生的机会损失。另一方面，生态破坏行为会对一定范围内的经济主体产生损害，如健康程度降低、土地生产率下降等成本。

5.2.2 生态补偿的主体——谁应该付费

根据生态补偿的原则，“谁补偿谁”的问题容易回答。根据“谁污染，谁付费”的原则，在生态环境破坏中，补偿的主体应该是生态环境的破坏者。而根据“谁受益，谁付费”的原则，在生态保护和建设中，补偿的主体应该是生态效益的受益者。生态补偿的主体可以分为公共主体和市场主体两类。

5.2.2.1 公共主体

由于生态经济的公共物品性，决定了政府作为公共主体参与生态活动补偿的必然性和重要性。公共主体是指各级地方政府或各种非营利性的组织机构。

（1）中央政府。中央政府是全体人民的代表，理应成为生态建设补偿的主体。由于许多生态环境服务具有明显的公共物品性，如三江源的生态价值、濒危动物的保护、温室气体控制等无法由单个的经济主体进行补偿，需要政府通过财政支出的方式进行经济补偿。我国目前开展的退耕还林（草）、天然林保护、“三北”防护林工程等都是由中央政府作为补偿主体进行的。

（2）各级地方政府。一些事关地方政府经济发展、生态保护的行为，其生态补偿的主体应该由地方政府承担。地方政府代表本地区人民的利益，有相应的财政收入，也能够提供补偿资金。以淮河流域污染治理为例，除了国家投入相应的资金进行治理以外，河南、安徽、江苏等地方政府也应该成为补偿的主体，为环境污染埋单。而在现实中，常有地方政府之间的博弈行为，导致补偿主体缺位。

（3）各类非营利性组织。另一类公共主体是各类相应的组织机构，包括由于执行政府职能或共同的公共目标而产生的非营利性组织（如环保委等）和在自发的基础上产生的营利或非营利性的组织机构（如爱鸟协会等）。这类公共主体在开展补偿活动时其资金来源往往是一个问题，因此，其作为补偿主体的地位也较为有限。

5.2.2.2 市场主体

市场主体是指企业、居民等参与生态补偿中的所有利益相关者。生态补偿作为一种生态经济机制，提倡发挥市场机制的作用，使生态保护的受益者成为生态补偿的真正主体。

从市场的角度看，生态补偿的市场主体只有一个，就是生态效益的受益者。毫无疑问，生态效益的受益者是生态补偿的第一主体，在可能的情况下，应该严格按照权责对等的原则，由受益者对提供者进行等额的经济补偿。在流域生态补偿中，下游企业和居民享受了上游居民保护生态环境而带来的效益，应该成为流域生态补偿的主体。在资源开发生态补偿中，资源开采者的开采活动对当地居民造成损害，应该作为补偿主体对区域内的居民和政府进行补偿。在市场交易型的生态补偿中，有时交易双方都是受益者，此时，双方都成为补偿主体，但补偿的形式不同。如前面提到的哥斯达黎加黄金集团公司通过与自然保护区交易处理果渣的案例。

5.2.2.3　补偿主体中的问题

在实践中常出现补偿主体不清的情况，主要有以下原因：

（1）产权不清与补偿主体不明。1960 年，美国经济学家科斯在设计环境经济手段时展示了一种新的思路。科斯在《社会成本问题》一文中用排放废气的工厂与周围居民的故事阐述了产权的重要性，提出通过明晰产权及产权交易的方式来解决环境问题的思想，这个思想又被称为“科斯定理”。它的基本含义是：只要能把外部效应的影响作为一种财产权明确下来，而且交易费用为零的话，那么，外部效应的问题可以通过当事人之间的自愿交易达到内部化。解决的方法可以由排污者和该污染的受害者谈判，通过贿赂或补偿来自行解决污染问题。

在生态保护和补偿活动中，经常会出现因产权不清而引起的补偿主体不明的问题。以流域污染为例，如果下游的用水者被分配使用其有一定质量水的财产权，这时，法律就会保障私有权不受侵犯，那么想要污染下游的企业将被迫向这些用水者提供补偿。如果上游企业有权自由使用河流，那么，下游用水者就会向上游企业提供经济补偿以要求企业减少向河流排污。而且从经济效益的角度，两种方式基本没有什么区别。因此，有必要明确生态服务的权利归属，在此基础上再开展生态补偿。

（2）交易费用导致补偿主体弱化。在一些生态补偿行为中，即使知道生态效益的受益者的范围，但要将他们集中起来，要求他们提供补偿，需要大量的交易费用。以农村的面源污染对生态环境的破坏为例，农村居民的生活生产垃圾是某些水源地遭到污染的重要原因，理论上这些农村居民应该对此提供补偿，但将分散的农民召集起来，并要求他们赔偿的交易费用太高，实际中只能由地方政府来代替补偿。

5.2.3　生态补偿的对象——付给谁

根据生态补偿的“谁保护，谁受益”的原则，补偿的对象应该是为保护生态而付出劳动和成本的经济主体，主要有以下三类：

（1）生态环境建设者。指参与生态保护和建设的企业或居民，如植树造林者、水土保持者、森林管护人员等。

（2）生态破坏的受害者。指因生态破坏行为导致损失的经济主体，如因流域上游森林所有者过度砍伐而遭受损失的下游企业或居民。

（3）生态保护的牺牲者。指为了保护生态环境，而放弃开发生态资源并遭受损失的经济主体。以怒江水电开发为例，为了保护怒江的生态环境，怒江州人民放弃了水电开发项目，并导致地方政府和农民损失大量经济收益，对于这种因保护生态环境而牺牲的损失应该进行补偿。

5.3 生态补偿的标准与期限

生态补偿标准即补偿强度，是指在实施生态补偿机制时，补偿主体对客体补偿多少及补偿期限等问题，它是生态补偿机制的核心内容，直接关系到补偿机制能否建立，并长期有效。在建立生态补偿机制中，补偿标准还是一个有争议的问题。人们对生态补偿的标准和具体做法还存在不同的认识，实践中也有不同的标准。

5.3.1 生态补偿的理论标准探讨

基于生态服务价值的补偿标准是生态补偿的理论标准，生态补偿的实质是对生态系统提供的各种服务进行补偿，即购买生态服务。因此，理论上的价格就是生态服务的价值。这种方法有助于真正建立一种生态保护与建设的激励机制，但目前无论在理论上还是实践中都还存在着较大的不确定性。

我们以“一退两还”为例分析了理论补偿标准①。图 5-1 和图 5-2 中横坐标均表示退耕面积，纵坐标均表示退耕的边际成本和边际收益。其中 MSB 为退耕的社会边际收益，MPB 为退耕的私人边际收益，MC 为退耕的边际成本。随着退耕面积的不断增加，退耕的社会边际收益和私人边际收益会逐渐减少，但由于个人进行退耕获得的生态环境改善主要是对社会有益，个人则收益很少，因而 MPB 比 MSB 要低很多，而退耕的边际成本则会逐渐增加（这主要是因为耕地收益显然大于林草地，现实中很少有农民自觉退耕还林的事例，反而由于毁林毁草开荒能带来净收益，耕地面积不断扩大）。图 5-1 中 *H* 点是国家不进行补偿时的农户的均衡点，此时私人边际收益等于边际成本，退耕面积为 *OA*。若超过 *OA*，私人边际收益小于边际成本，私人将会受损，因而私人只愿退耕到 *OA*（*A* 点也趋于零，即无补偿私人不退耕）。

① 陈金龙：《西部生态建设利益补偿机制研究》，四川大学硕士学位论文，2005 年。

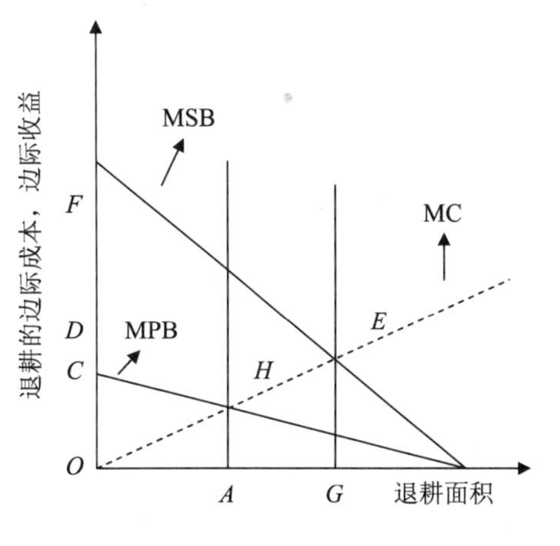

图 5-1 无补偿时的最优退耕

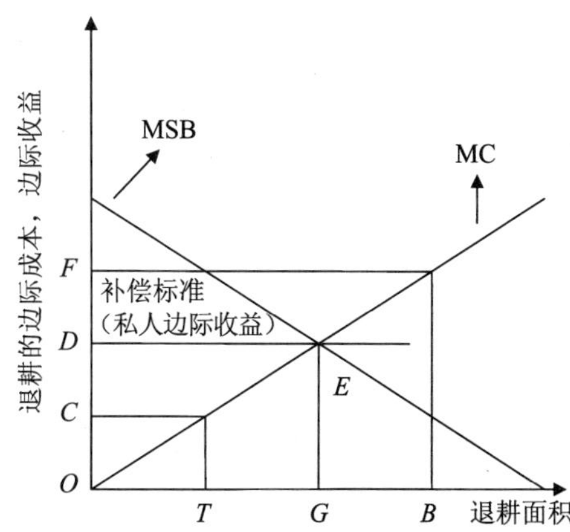

图 5-2 有补偿时的最优退耕

要使社会边际收益等于边际成本，达到帕累托最优状态，此时的均衡点应在图 5-1 中的 *E* 点，退耕面积为 *OG*，就应使得私人边际收益也等于在 *E* 点的边际成本和社会边际收益，这就要求政府对私人进行补偿。

国家补偿对私人边际收益和退耕面积的影响如图 5-2 所示。由于国家的补偿，使得私人边际收益成为一个定值 *OD*。此时，社会边际收益、私人边际收益和边际成本相等，资源得到最优配置，*OD* 为最佳的补偿数额。

如果补偿标准太高，假如为 *OF*，此时退耕面积将增加到 *OB*，使得 MSB 小于 MC，社会收益小于私人成本，社会净收益出现负值。如果补偿标准太低，假如为 *OC*，此时退耕面积将减少到 *OT*，使得 MSB 大于 MC，生态建设不足，达不到有效改善生态环境的目的。因此，补偿标准过高或过低都不合适。在现实中，*OD* 的大小和当地的土地生产力密切相关，不顾土地生产力差异而统一制定补偿标准显然是不合适的。在我国退耕还林过程中，就出现了两种区域补偿标准。

通过上述分析，我们不难看出，确定生态补偿标准的关键是 *OD* 的大小。而实践中，我们还无法准确确定这种标准，主要有以下原因。

5.3.1.1 生态服务价值难以计量

生态服务价值难以计量的原因主要有几点：①生态服务的剂量—反应函数不确定。影响一片农田农作物产量的因素除了气候和水量以外，还有许多其他因素，而一片森林除了为农田保持水土和调节水气候外，还有其他许多功能。因此，如何建立保护森林对提高农作物产量的剂量—反应函数客观上是有困难的。一些生态服务本身具有复杂的多样性，其服务种类多样，且有一些是相互重叠的。因此，即使评价了生态服务的整体价值，也难以确定生态服务享受者获得的某种生态服务的价值。②生态服务价值评估方法不成熟。前文已经讨论了生态服务的价值，结果表明到目前为止，关于生态服务价值的评估方法还不够成熟。一般认为，应将某个环境的整个生态功能分解或各个单项功能价值加起来，构成生态价值最大值，再乘以一个相当于支付意愿的发展阶段系数，就得出了这个环境或生态系统的生态价值（价格）。单项功能价值的确定，可以采用替代市场价格法、机会成本法等。而这种思路和方法本身都遭到许多学者的质疑，这一点已经在前文进行过详细的讨论。

5.3.1.2 难以克服的偏好问题

事实上，无论是替代市场法还是假想市场法，其评估的货币化本身是个主观性很强的过程，特别是对于生态服务的非使用价值，其根本出发点是直接询问人们的支付意愿，而支付意愿与人们的经济水平、收入多少、文化程度、年龄性别等因素都密切相关。对于相同的生态服务损失，由于经济发展水平不同，会有不同的支付意愿。世界银行在《碧水蓝天：展望 21 世纪的中国环境》一书中，同样运用支付意愿评价法，结果中国的环境成本低于美国，但这绝不是说中国人的生命不值钱，而是经济社会发展水平差异使然。这种差异不仅存在于支付意愿评价法，也存在于人力资本评价法；不仅存在于不同国家之间，也存在于同一国家内部不同收入水平的地区与阶层之间。另外，采用同样的一组数据，分别用支付意愿法和人力资本法来评估环境对健康的影响，也会得到截然不同的结果。无论采用什么评价方法，相同的环境损失在经济不发达的农村比城市有较低的货币价值。同样是一条生命，在城市是 8 790 美元或 60 000 美元，而在农村只有 4 748 美元或 31 762 美元①。

5.3.1.3 谁来埋单

即使通过一定的评估方法对某些生态服务的价值进行了评估并得出了具体的价值数量，但这种价值仅仅是理论上的，要应用到实践中就必须要有人愿意为此付账。而采用替代评估法、支付意愿法等方法评估的生态服务价值往往结果很高，难以有人为此埋单。例如，在 1970 年代初期，日本对其全国树木的生态价值进行综合调查和计算，结果算出全国树木可储存水 2 300 多亿 t，防止水土流失 75 亿 m^3，栖息鸟类 8 100 万只，供给氧气 5 200 t，这几项按规定价格换算成金额，其总的生态价值是 12 兆 8 亿日元，相当于 1972 年日本的全国经济预算。1984 年，我国吉林环保所等单位仿照日本的方法只计算了长白山森林的四项生态价值，计

① 世界银行：《碧水蓝天：展望 21 世纪的中国环境》，中国财政经济出版社，1997 年。

92 亿元，是当年所产 450 万 m^3 木材的 13.7 倍。如此大的生态价值数目，难以使人接受，也不便加以利用。

此外，绝大多数生态服务的交易市场是薄市场或没有市场。因此，市场主体不能主要通过市场交易来购买生态服务。

5.3.2　生态补偿标准的操作方法

5.3.2.1　基于损失确定的补偿标准

这是目前较多采用的一种方法，特别是在自然保护区与生态功能区建设过程中更多采用。这里的损失，既包括直接经济损失，也包括因发展机会丧失所造成的间接损失。

1990 年代以来，我国已经在生态环境损失方面开展了大量评价研究工作，积累了一些研究方法，对生态环境的损失较容易计算，因此，在实践中常常作为生态补偿的标准依据。

（1）机会成本法。机会成本法是指做出某一决策而放弃另一种决策所造成的收益，常用来衡量决策的后果。资源是有限的，且具有多种用途，选择了一种方案就意味着放弃了使用其他方案的机会，也就失去了获得相应效益的机会，把放弃的其他方案中的最大经济效益，称为该资源选择方案的机会成本。以流域补偿为例，上游地区当年为保护流域而损失的机会成本为：

$$P = \sum (R + L) \tag{5.1}$$

$$L = L_1 - L_2 \tag{5.2}$$

式中：P——补偿标准；

R——放弃的产业发展所造成的财政税收损失；

L——退耕还林的实际损失；

L_1，L_2——土地收益和退耕补贴。

当加入时间序列后，式（5.1）变为式（5.3），则表示 i 年后总的机会成本：

$$P = \sum^{i} (\Delta R_i + L_i)(1 + r_i)^i \tag{5.3}$$

式中：R——第 i 年的利率，其他符号同上。

（2）费用支出法。考虑到上游地区为维持和保护流域生态所承担的费用，这些费用包括植树造林、农业非点源污染治理、城镇污水处理设施建设、河道清理等，则下游对上游的生态补偿为：

$$P = \sum C \tag{5.4}$$

$$C = C_t + C_a + C_p + C_w + \cdots \tag{5.5}$$

式中：P——补偿额；

C——生态保护和建设单位面积的成本投入；

C_t——植树造林、封山育林等增加森林植被费用；

C_a——农业非点源污染治理；

C_p——城镇污水处理设施建设；

C_w——河道清理等费用。

5.3.2.2 基于支付意愿的补偿标准

条件价值评估法是生态与环境经济学中最重要和应用最广泛的关于公共物品价值评估的方法，通过直接询问居民的支付意愿和受偿意愿，确定生态补偿标准。该方法确定的补偿标准体现“公众参与”的思想，可以在政策的制定中考虑公众的意见，有助于提高居民恢复和保护生态环境的积极性和主动性。

意愿调查法（willingness to pay，WTP），又称条件价值法（contingent valuation method，CVM），是对消费者进行直接调查，了解消费者的支付意愿，或者他们对产品或服务的数量选择愿望来评价生态系统服务的价值。按照“经济人”的假设，消费者通常会选择较低的一个标准来支付补偿，也就是说，他会花最少的钱来得到最多的服务。因此，支付意愿值通常作为生态补偿的下限来参考。

5.3.2.3 “协议标准”

生态补偿标准的理想情况是根据生态服务价值评估或是生态破坏损失评估建立，但这往往会招致补偿方的质疑和反对，因为这样计算的补偿金额一般很高。而且，补偿方有时也会给出截然不同的估算。在这种情况下，生态补偿问题的本质就是接受补偿和支付补偿之间的协商平衡，采用双方“讨价还价”的形式达成“协议补偿”。

目前，各地都出台了一些生态补偿政策，其中关于补偿标准的确定也各不相同。山东省规定[①]，根据试点地区各环境保护主体为国家和省环境保护规划、污染减排计划而作出的贡献和付出的额外成本，对退耕（渔）还湿的农（渔）民，在湿地发挥经济效益前，按农（渔）民的实际损失给予补偿。实施退耕（渔）还湿

① 《山东确定生态补偿标准　退耕还湿农民有补偿》，《齐鲁晚报》，2007 年 7 月 18 日。

的第一年度，原则上按上年度同等地块纯收入的 100%予以补偿；第二年度按纯收入的 60%进行补偿；第三年度后不再补偿。对达到国家排放标准的企业，因实施工业结构调整而造成企业关闭、外迁的，由试点市从补偿资金中安排一部分资金，并结合其他资金，统筹给予补助。对流域内进入城市污水管网实施“深度处理工程”的，按每年度缴纳污水处理费的 50%补偿；对实施“再提高工程”的，按“再提高工程”所削减污染物处理成本的 50%给予补偿。

需要指出的是，不同的补偿方法计算出的结果可能差别较大，程艳军（2006）以浙江金华江流域为例计算了生态补偿的标准，结果如表 5-2 所示。

表 5-2　不同方式下的金华江流域生态补偿标准

<table>
<tr><th colspan="2">补偿标准</th><th colspan="2">年平均补偿额/万元</th><th>人均补偿额/[元/（人·a）]</th><th>补偿限</th></tr>
<tr><td colspan="2">最大支付意愿</td><td colspan="2">2 799.92</td><td>35.3</td><td>下限</td></tr>
<tr><td rowspan="2">机会成本损失</td><td>退耕还林的实际损失</td><td>180</td><td rowspan="2">15 180</td><td rowspan="2">191.4</td><td rowspan="2">上限</td></tr>
<tr><td>发展权限制的损失</td><td>15 000</td></tr>
<tr><td rowspan="3">生态保护和建设费用投入</td><td>环境保护的直接投入</td><td>15.58</td><td rowspan="3">1 522.9</td><td rowspan="3">19.2</td><td rowspan="3">参考值（<35.3，舍去）</td></tr>
<tr><td>森林保护的直接投入</td><td>7.32</td></tr>
<tr><td>农村污水处理投入</td><td>1 500</td></tr>
<tr><td rowspan="3">基于水质的补偿</td><td>城市污水处理补偿</td><td>1 500</td><td rowspan="3">3 940</td><td rowspan="3">49.7</td><td rowspan="3">参考值</td></tr>
<tr><td>农业用水的补偿</td><td>1 340</td></tr>
<tr><td>工业用水的补偿</td><td>1 100</td></tr>
</table>

资料来源：程艳军：《中国流域生态服务补偿模式研究》，中国农业科学院硕士学位论文，2006 年，第 42 页。

从表 5-2 中可以看出，最大支付意愿法是补偿的下限，而机会成本损失补偿法是补偿的上限，其中因为发展权限制的损失尤其巨大。基于水质的补偿结果接近合理区间，可成为事实上采纳的结果。

5.3.3　补偿期限的讨论

生态补偿的期限也是一个很难解决的问题，它关系到生态补偿的长期有效性，实践中主要是通过补偿双方的协议达成期限。在政府补偿中，往往是政府根据实际情况计算补偿期限。2007 年，国务院《关于完善退耕还林政策的通知》规定，为确保“十一五”期间耕地不少于 18 亿亩，原定“十一五”期间退耕还林 2 000 万亩的规模，除 2006 年已安排 400 万亩外，其余暂不安排。由于解决退耕农户长远生计问题的长效机制尚未建立，随着退耕还林政策补助陆续到期，部分退耕农户生计将出现困难。因此，现行退耕还林补助政策期满后再延长一个周期，中央财政将继续对退耕农户直接补贴，长江流域及南方地区每亩退耕地每年补助现金105元，黄河流域及北方地区每亩退耕地每年补助现金70元。退耕还林延长周期为生态林8年，经济林5年，草2年。此外，中央还建立了巩固退耕还林成果专项资金。因此，退耕还林工程的投资从当初预算的2 200多亿元增加到4 300多亿元，“这一生态工程的投资相当于修建两个半三峡工程，等于修建 11 条西藏铁路”。

5.4 生态补偿的融资

5.4.1 我国生态环境保护融资现状

1990年代以来，中国政府高度重视环境保护工作，环保投资增长较快。1984年，国务院颁布了《关于环境保护工作的规定》，明确规定了环境保护的8条资金渠道①，这些资金渠道为我国的生态环境保护提供了资金来源，但其中有许多并没有发挥相应的作用。按当年价格计算，环境保护投资由1981年的25亿元上升到2001年的1 100亿元，环保投资占GDP的比例大致在0.52%～1.2%之间。“七五”和“八五”期间，污染治理投资分别为476.42亿元和1 306.57亿元，平均分别占同期GDP的0.69%和0.73%。“九五”期间环保投资3 600亿元左右，是“八五”期间的2.6倍，占GDP的0.93%。“十五”期间，中国政府继续实施《中国绿色工程规划（第二期）》，安排项目1 137个左右，投资近2 620亿元。绿色工程项目主要集中在“十五”国家环境保护的重点区域，其中重点实施12项具有显著综合效益、标志性的重大工程项目，如表5-3所示。

表5-3 中国“十五”期间大环境保护重点工程项目

项　目	投资规模	主要内容
长江三峡库区水污染整治工程	146亿元	建设88座城镇污水处理厂，69座城镇垃圾处理厂
黄河小浪底库区和中游水污染整治工程	5.46亿元	建设23座城市污水处理厂
“两控区”火电厂脱硫工程	120亿元	建设“两控区”内37个燃煤电厂的脱硫工程

① 这八条渠道是：“三同时”环保投资，更新改造中的环保投资，城市环境保护投资，排污费用于治理污染源的补助资金，企业综合利用利润留成用于治理污染投资，污染治理专项基金，环保部门自身建设投资，银行贷款、国内外贷款、各种赠款及其他。

项 目	投资规模	主要内容
“三河三湖”城市污水处理厂建设工程	317 亿元	新建、扩建 152 座城市污水处理厂
“还京城碧水蓝天”工程	536 亿元	改善城市大气环境的项目 25 个，投资 298 亿元；建设 21 个城市污水处理厂和城市管网配套工程、3 项截流管网工程
渤海“碧海行动计划”工程	16 亿元	建设 11 个城市污水处理厂
全国危险废物“零排放”工程	195 亿元	建设 8 个危险废物集中处理处置场
国家特殊生态功能保护区工程	30 亿元	建设长江、黄河源头等 15 个重点国家级生态功能区
国家环境监测网络能力建设工程	25 亿元	建成和完善国家环境监测网
国家环境科技创新工程	13 亿元	建设国家环境科技创新基地和技术支撑体系
减灾与环境小卫星系统建设工程	6.2 亿元	发射减灾与环境小卫星，建设配套信息处理系统
南水北调（东线）治污工程	88 亿元	建设城市污水处理厂 73 座

资料来源：王金南、葛察忠、杨金田：《环境投融资战略》，中国环境科学出版社，2003 年。

“十一五”期间，我国环境污染治理投资共需 14 000 亿元，约占同期国内生产总值的 1.23%。其中：城市环境基础设施建设约需 6 500 亿元；现有工业污染源治理约需 2 800 亿元；新建项目“三同时”投资约需 4 000 亿元；生态环境保护约需 300 亿元；能力建设约需 400 亿元。国家将重点实施八大环境保护工程，总投资约 4 789 亿元。这些工程需要各级政府调动各种资源，以政府投入带动社会投入，集中力量和资金，重点建设（环境服务业发展报告，国家环境保护总局，2006）。

然而，目前的环保投入远不能满足实际需要。根据有关专家预测表明，我国“十二五”环保投资约为 3.1 万亿元，占同期 GDP 的 1.35%。

我国生态环境保护投融资中面临的主要问题有①：①投资总量不足，表现在几方面：一是中国环境保护投资近年来增长较快，但投资总量仍显不足。目前的环保投资不能完全满足需求，“十五”、“十一五”期间计划投资都有一定的缺口；二是投融资机制不健全是造成投资总量不足的重要原因。目前的投融资机制总体特征是政府计划下的手段和渠道如公共预算、环境收费、国债等发挥着主导作用。②投资效率不高。在投资总量不足的情况下，中国生态环境投资的效率也不高，主要表现在城市污水与垃圾处理设施和工业污染治理设施的建设和运营管理的效率不高。③投资主体单一，主要是政府投资为主。单一的融资渠道使得生态补偿

① 中国环境保护投融资机制研究课题组：《创新环境保护投融资机制》，中国环境科学出版社，2004 年。

仅仅能在一些重大的生态项目或生态问题上展开，且不能充分体现“受益者付费”的原则。生态补偿资金属于环保资金的重要组成部分。

5.4.2 建立多渠道的生态补偿投融资机制

生态补偿是生态保护的重要途径和方式，同样需要大量的资金，因此，创新生态补偿的投融资方式是开展生态补偿的重要方面。参考国际经验并结合中国实际，我国生态补偿的融资方式应该向国家、集体、非政府组织和个人共同参与的多元化投融资机制转变，拓宽生态环境保护与建设投入渠道。同时加强对外合作交流，争取国际性金融机构优惠贷款和民间社团组织及个人捐款。

目前，可供我国政府选择的主要环保投融资手段包括国家预算、环境经济手段、政策性投资手段、项目融资手段、利用外资等，具体见表 5-4。

表 5-4　可供中国选择的环保投融资手段

国家环保预算或专项资金	
环境经济手段	排污费、污水和垃圾处理费
	环境税、污染产品税、排污交易等
政策性投资	环境政策投资；“三同时”制度①、技改资金②、综合利用留成③等
	贷款贴息
	税收优惠、补贴
项目融资	BOT、BOO、TOT 等
长期资本融资	商业银行信贷、国债、市政债券、企业债券、信托基金、多方委托贷款、环保彩票等
国外直接投资（FDI）	
双边援助	
双边及国际金融组织优惠贷款，如世行、亚行的贷款	
国际环境公约下的资金机制，如蒙特利尔议定书和气候变化公约下的资金机制	

资料来源：中国环境保护投融资机制研究课题组：《创新环境保护投融资机制》，中国环境科学出版社，2004年，第 8 页。

---

① “三同时”制度是指我国政府要求所有新建的具有污染的项目，主体工程和污染治理设施必须同时设计、同时施工、同时投产使用。

② 中国要求企业在进行生产技术和工艺的更新与改造时，必须将其投资的 70%用于污染防治。

③ 企业对工业废水、废气、废渣等进行综合利用活动中所得收益部分，可以享受税收政策优惠，用于污染防治投资。

5.4.2.1　加强政府财政投资的力度

政府财政支出方式是目前我国生态补偿资金的主要来源，它包括中央财政转移支付和地方政府财政转移支付。国家财政转移支付的目标是调整地区间的失衡，纠正与公共物品供给相关的外部性，促进地方政府的支出与中央政府的目标协调一致。财政转移支付分为横向转移支付与纵向转移支付两种形式。以流域补偿为例，横向财政转移支付是指下游地区直接向上游地区进行转移支付，其运作形式是首先通过计算生态供给者的成本以及生态受益者的生态受益效应确定转移支付的数额标准，并通过财政的转移支付实现资金划拨，最终通过改变地区间既得利益格局来实现地区间生态服务水平的均衡。纵向财政转移支付是上级政府对下级政府的财政补贴，是我国和世界上多数国家进行生态补偿所采用的主要模式。长期以来，我们将生态保护作为地方政府的职责，由于生态服务的外部性特点，地方政府的投入不一定有相应的回报，因而难以实现生态产品的有效供给。因此，中央政府通过给予地方附加的资金，或者提供对于基本需求间接资金支持上的激励等，来实现生态产品的提供。

由于生态补偿主要是对保护和建设生态环境的生态创新活动进行经济补偿，而这种生态创新活动由于具有很强的正外部效益，因此需要政府运用财政收入进行补偿。政府财政投资需要注意以下问题：

（1）继续保持政府投资在某些生态补偿活动中的重要地位。生态补偿是一项范围广、时期长的生态经济活动，需要政府的直接支持。在一些生态补偿活动中，如退耕还林（草）、天然林保护等工程中，还是应该发挥政府投资的主体作用。探索和利用多元化的投资渠道并不能代替政府在生态补偿融资中的重要作用。

（2）明确各级政府财政投资的权责。应该按照“谁收益，谁补偿”的原则，根据生态效益影响范围的大小确定政府的补偿范围。譬如，云南“三江”并流风景区，由于其影响范围很广，其生态保护不仅对云南地区，而且对全国的其他广大地区也都有很强的外部效益，因此，保护“三江”并流的投资就应该主要由中央政府从中央财政收入中支出。

（3）加强对政府财政投资的监督与管理，提高其投资效率。政府财政收入是全体纳税人的财富，由政府代表全国人民进行投资，必须注意其投资效率。由于政府是通过其代理人来进行投资活动，因此，其投资效果分析更为重要。在我国过去的环境保护投资中，存在着政府资金被截留、低效使用等问题，应该加以重视。

5.4.2.2　积极发展生态环保资本市场

（1）利用股票资本市场。面向社会公众公开发行股票是现代企业筹集资金的方式之一。股票融资方式属于股权融资性质，筹集资金数额较大且无须偿还，因此，受到企业的欢迎。在生态建设和环境保护中，应该充分利用股票市场支持具有比较优势和竞争优势的生态环保企业进行股份制改造，将效益好的企业推荐上市。在审批程序方面给予适当的政策优惠，加快其上市速度，鼓励和支持生态环保企业上市发行股票，通过社会融资实现企业资本的筹集和扩张，增强企业的环保投资能力。

目前，我国已有许多与环保有关的企业上市，并以良好的业绩与高成长性在证券市场上形成了环保板块。代表性的企业有①：凯迪电力（000939）、菲达环保（600526）、皖维高新（600063）、威孚高科（000581）、紫光股份（000938）、新疆天业（600075）、龙净环保（600388）、创业环保（600874）、吉林森工（600189）、永安林业（000663），等等。相比目前沪深两市 1 400 多家上市企业，环保板块的几十家企业数量还太少，应该有条件地支持这类企业上市，为生态补偿融资。

（2）发行生态环保债券。政府债券是以政府信用为基础，面向社会公众有偿筹集资金。政府债券由于国家政府是信用主体而具有较高的信用。国家或地方政府可以通过适度举债，有偿筹措生态建设资金，将社会的消费资金、闲散资金及保险基金等，引导到生态建设上来。

发行生态环保债券进行融资的优点是：它超越了税收的局限性，当国家财政依靠税收财源难以满足财政支出需要时，国债资金就成为弥补财政收入不足的重要手段。所以，通过国债就可以比较稳定地为退耕还林还草工程的实施筹集部分资金。不仅是国家，地方政府也可以根据情况发行地方环保债券，如北京针对沙尘暴严重问题，发行环保债券，用筹集到的一部分资金支持上游地区内蒙古自治区生态环境的建设，效果较好。

（3）引进国际贷款。积极有效地利用外国政府贷款是生态保护资金筹集的重要途径之一，国际信贷一般具有如下特点：①贷款条件比较优惠，主要表现在贷款利率低，贷款期限长，贷款年利率一般在 2%～3%，贷款期限一般在 20～30 年；②一般为项目贷款，国内政府有相应的配套资金。

积极利用国际金融机构的绿色贷款。据预测，今后 10～15 年，全世界对“绿色工程”贷款的投资银行数量将增加两倍，这些银行将把环保项目作为贷款直接投资。世界银行贷款分为计息贷款和免息贷款两种，通常称为硬贷款和软贷款。硬贷款期限 20 年，还有 5 年的宽限期，软贷款期限 50 年，宽限期 10 年。不但贷款期限及宽限期较长，而且贷款利率低、汇兑风险较小，贷款支出方便。因此，

---

① 在长江证券行情分析系统普通版中的概念板块中有一个环保板块，共有 27 支股票。

我国政府应抓时机，充分利用国际市场筹集生态补偿资金。

（4）生态建设补偿基金。由国家环保局等相关部门牵头建立“生态环境建设补偿基金”，由国家财政拨款作为垫底资金，在此基础上，召集有关企业、组织和个人捐赠，这既可为社会环保人士提供表达心愿的途径，又开辟了环保建设资金来源渠道。补偿基金的来源可以通过如下途径解决：①国家预算拨款作为垫底资金；②有关企业、组织私人投资；③有关企业、社会团体和个体捐赠；④发行生态和环保彩票。随着我国经济的不断发展，我国彩票业发展十分迅速，为国家在相关领域的建设募集了大量的资金，但还没有环保生态彩票，生态环境保护应该受到彩票业的关注。补偿基金建立以后，按市场化方式运作：一是接受补偿的个人和地方政府按有关程序向基金会申请补偿资金；二是基金按资金运作方式参与证券市场流通，实现基金增值。

5.4.2.3 探索生态补偿融资新方式

（1）资产证券化融资。资产证券化融资，简称 ABS 融资。指将缺乏流动性但能够产生可预见的稳定现金流的资产，通过一定的结构安排，对资产中风险与收益要素进行分离与重组，进而转换成为在金融市场上可以出售的流通证券的过程。它是以项目所拥有的资产为基础，以该项目的未来收益为保证，通过在资本市场上发行债券来筹集资金的一种证券融资方式。国际市场上的资产证券化产品基本上可以分为资产支持证券（Asset-Backed Securities，ABS）和房屋抵押贷款证券（Mortgage-Backed Securities，MBS）两大类。

1980 年代以来，ABS 融资方式在美国迅速兴起，从实践中看，采用 ABS 融资具有许多优点，资产证券化的特点包括：①利用金融资产证券化可提高金融机构资本充足率；②增加资产流动性，改善银行资产与负债结构失衡；③利用金融资产证券化来降低银行固定利率资产的利率风险；④银行可利用金融资产证券化来降低筹资成本；⑤银行利用金融资产证券化可使贷款人资金成本下降；⑥金融资产证券化的产品收益良好且稳定。

在环境保护领域，资产证券化已经被用于提高能源效率。某项资产因为提高能源利用效率而节省了成本，那么该资产的证券所有者就能够从中获得部分收益。例如，人们投资改造某大楼的暖气、空调和通风设备，希望降低大楼的运行成本，当这种努力获得成功时，投资者就可以从中获利。

资产证券化是如何促进生态保护的。假设在流域开发中，投资者购买了“流域保护证券”，这类证券能够让投资者从流域保护所节约的成本中获利，并通过政府的“流域储蓄账户”兑现自己的收益（Chichilnisky 和 Heal，1998）。

美国环保局的一项预测表明，到 2020 年，美国人工供水设备的总成本将达到

1 384 亿美元。面对如此巨大的成本，我们有理由对资产证券化这一新兴的融资方式有更多的期待。

我国生态环境基础建设资金极其短缺，应大胆探索推行 ABS 融资方式进行融资。目前，国际债券市场有高达 8 000 亿美元的市场容量。如果利用 ABS 融资方式在国际资本市场上进行融资，可以一定程度地缓解生态环保基础设施建设资金不足的现状。同时，如果在国内市场上发行 ABS 债券，由于其投资风险较低，可以调动投资者的热情，又能为日益强大的机构投资者如社保基金、退休养老基金、保险基金等提供良好的投资途径。

政府要致力于推动资产证券化。资产证券化的目的就是不依靠政府信用来进行融资，这样政府的负担和债务就能减轻。投资者会自觉地对流域保护进行投资，而无须通过政府发行债券来募集资金。资产证券化的这一特征非常符合政府的偏好，因为政府预算负担着广泛的用途，如果通过资产证券化的方式就可以解决筹资问题，那么政府非常愿意这样做。尤其当某个政府没有足够的资金来推动流域保护，或者无法通过发行政府债券进行融资，甚至是因为腐败无能而丧失信用时，资产证券化将是一个不错的选择。

（2）BOT 融资方式。BOT 是 Build（建设）、Operate（经营）和 Transfer（转让）3 个英文单词第一个字母的缩写，代表着一个完整的项目融资的概念。BOT 模式是国际项目融资发展趋势的一种新型结构，主要用于公共基础设施建设。

- BOT 模式的基本思路是：由项目所在国政府或所属机构为项目的建设和经营提供一种特许权协议（Concession Agreement）作为项目融资的基础，由本国公司或者外国公司作为项目的投资者和经营者安排融资，承担风险，开发建设项目并在有限的时间内经营项目获取商业利润，最后根据协议将该项目转让给相应的政府机构。
- BOT 模式具有以下特点：①采用 BOT 模式通常进行的是基础设施项目的建设。由于 BOT 融资一般涉及的资金数额较大，而且是以项目未来所产生的稳定现金流作为收益的基础，因此它所投资的对象一般是具有基础性较强且有稳定现金预期的项目。②BOT 融资方式是以项目为载体，实行无追索或有限追索。无追索权，是指投资人只能依靠项目所产生的收益作为还本付息的唯一资金来源，而对项目主办人没有任何贷款追索权。因此，对项目主办方而言具有较低的财政负担，减轻政府的借款负债义务。③BOT 融资模式信用保障复杂和多样化，能够将贷款的风险合理分散。一个成功的 BOT 项目融资，可以将贷款的信用支持分配到与项目有关的各个关键方面。包括：在市场方面，可以要求对项目产品感兴趣的购买者提供一种长期购买合同作为融资的信用支持；在工程建设方面，可以要求工程承包公司提供固定价格、固定工期的合同，或“交钥匙”工程合同，可以要求项目设计者提供工程技术保证等；在原材料和能源供应方面，可以要求供应方在保证供应的同时，在定价上根据项目产品的价格变化设计一定的浮动价格公式，保证项目的最低收益。

因此，作为一种融资方式，BOT 在生态补偿资金筹集方面有其自身优势，不仅可以解决国家进行生态建设和环境保护的资金不足，而且可以摆脱债务危机的困扰，使项目风险分散或转移，这样利用社会资金来进行生态补偿活动。

5.4.2.4　开征生态（环境）税

环境税（environment tax）和生态税（eco-tax）两个术语在内容上各有侧重，但从生态补偿的角度而言，二者并没有本质的差别，都是对开发、保护和利用生态环境的单位和个人，按其对生态环境与资源的开发利用、污染、破坏和保护程度进行征收和减免的一种税收。绿色税收政策是经合组织（OECD）国家在环境经济手段方面取得的重大进展。

许多财政措施，如直接补贴，都会直接或间接地对环境产生不利影响。例如，农业补贴（1996 年估计 OECD 成员国为 2 970 亿美元/年，相当于 GDP 的 1.3%）是引起过度耕种、过度使用化肥和农药和土地沙漠化的原因之一。同样地，灌溉水的低收费也是导致灌溉水浪费的原因（在美国农业灌溉水的补贴达到了 75%的程度）。另一类扭曲来源于税收措施（差别税收和税收减免）。例如，煤炭是污染最严重的燃料，但是其税率却最低，1995 年 OECD 成员国（相当于一桶石油的）煤炭的平均税额仅为 0.3 美元，而每桶石油的税额却为 22 美元。交通行业是污染和其他有害影响的主要来源，也受许多扭曲的影响。表 4-6 反映了这方面的情况。

从目前 OECD 各成员国实施生态税的情况看，显示出了较好的环境效益和经济效益。瑞典的硫税（1991 年开征）使石油燃料的硫含量降至低于法定标准的 50%，轻油的硫含量也低于 0.076%，低于规定界限（0.2%）的一半。据估计，由于引进燃料税，每年 SO_2 的排放量降低了 19 000 t。在丹麦，对无危险废物收税已经使垃圾填埋成本翻倍，使垃圾焚烧费用和增加 70%。在 1987—1993 年，家庭垃圾减少了 16%，建筑垃圾减少了 64%，其他各方面的废物也均减少 22%。在美国，37 个州中大约 3 400 个地方社区对家庭垃圾征税，征税依据是家庭丢弃垃圾的量。结果垃圾丢弃量明显降低，回收率明显提高。

表 5-5　欧盟各国环境税收改革的实践

国家	税收转移
比利时	特殊能源税入（1993 年设置）为社会保险融资提供了资金
丹麦	自 1994 年开展绿色税收改革，对 CO_2 和 SO_2 逐渐引入新税种，能源税收也进行了改革。各种税收收入近 16 亿丹麦马克，并以补贴形式返还企业开展节能和房雇主的社会保险和养老缴款
芬兰	自 1997 年，收入税和劳动力税的减少（1997 年为 56 亿芬兰马克）部分地被新增的环境税所冲抵，特别是一项关于垃圾填埋厂的税收（一年 3 亿芬兰马克）和能源税。这些税收转移在 1999 年得到进一步加强
德国	1999 年 4 月引进包括石油税和电力税的绿色税收改革（1999 年的预算为 84 亿德国马克）。此改革引起养老税负降低 0.8 个百分点和劳动力税负降低 0.4 个百分点。2000 年和 2003 年石油税和电力税将不断增加并同时相应地降低养老金税
意大利	1999 年实施 CO_2 等绿色税收改革（从 1999—2005 年逐渐增加），同时降低了社会保险收益的 60%，绿色税收用于提高和补偿社会保险的部分损失和对能源效率的资助
荷兰	能源税的大部分收益被用来减少雇主的社会保险。税收改革将保持这一趋势
瑞典	1990 年引入 SO_2 和 CO_2 税收，收益被用来冲抵了个人收入所得税和农业能源税的减少
英国	1996 年 10 月垃圾填埋场的税收收益（4.5 亿英镑）被用来补偿雇主社会保险税的减少（0.2 个百分点）。2001 年气候变化税将使雇主社会保险税降低 0.5 个百分点

资料来源：中国环境保护投融资机制研究课题组：《创新环境保护投融资机制》，中国环境科学出版社，2004 年，第 234 页。

中国目前还没有纯粹的生态税或环境税，但在现行税制中有许多体现生态保护方面的税收条款。实际上，我国从 1984 年 10 月就开始征收的矿产资源税就属于生态税的范畴，但其征税范围较小，仅对石油、天然气、煤炭和铁矿石征收。1994 年 1 月 1 日起实施《中华人民共和国资源税暂行条例》，把盐税归并到资源税中，同时扩大了资源税的征收范围，目的是促进矿山的合理开发，调节资源级差收入，从而在我国建立了统一的资源税制度（表 5-6）。但目前的资源税课税对象仅局限于部分不可再生资源。矿产品开采中盐的生产是课税的，而水、森林、草原和野生动植物等具有重大生态环境价值的可再生资源却未被纳入到课税范围之内。这不仅有悖于公平税负的原则，也不利于资源产品比价的合理定位，反而容易间接刺激一些资源的过度消耗。

表 5-6　资源税的征收对象和税额

税　目	征税范围	税额/（元/t）
原油	指开采的天然原油，不包括人造石油	8～30
天然气	专门开采或与原油同时开采的天然气，暂不包括煤矿生产的天然气	2～15
煤炭	指原煤，不包括洗煤、选煤及其他煤炭制品	0.3～15
其他非金属矿原矿	指上列产品和井矿盐以外的非金属矿	0.5～20
黑色金属矿原矿		2～30
有色金属矿原矿		0.4～30
盐	包括固体盐、液体盐	固体盐：10～60 液体盐：2～10

资料来源：蒲伟芬：《我国矿产资源税费改革研究》，中国地质大学硕士学位论文，2004 年。

根据国际发展经验和一般的预测，中国的生态补偿费的最终走向将是生态环境税，当然由于税收规模和专业性限制，中国税费并行的局面可能还会长期存在。中国生态环境税的改革除了设置生态环境税种外，还应该具有以下几方面的内容：①类型上，对严重破坏生态环境的生产、生活方式利用税收手段予以限制，如对木材制品、野生动植物产品和高污染高能耗产品等的生产、销售征税；②区域上，西部地区作为中国生态屏障区，为全国的生态环境安全提供了难以计量的生态服务功能，需要设置具有典型区域差异的税收体制，补偿西部的生态保护与建设，体现“分区指导”的思想；③对环境友好、有利于生态环境恢复的生产生活方式给予税收上的优惠等。因此这里的生态环境税并不是法律意义上的税种定义，而是建立有利于生态环境保护和协调发展的税收体制的含义。

也有学者提出，根据我国国情，可以考虑按人均收入水平的高低以及流域的上中下游位置，开征一种有差别的生态环境建设税。该税种可设计为中央与地方共享税，统一用于生态环境建设。

5.5　生态补偿的途径

5.5.1　生态补偿途径概述

5.5.1.1　生态补偿的主要途径

根据国内外经验和现有政策结构状况，我国目前有多种渠道可以实现生态补偿，但它们针对不同生态补偿问题的适用性不尽相同①。另外，这些政策手段并不是以生态补偿为唯一的或主要目的的政策，往往是借助这些途径实现生态补偿的要求。这些政策及其含义如表 5-7 所示。

表 5-7 生态补偿的主要途径

政策种类	政策工具	主要含义
政府手段	财政转移支付政策	以各级政府之间所存在的财政能力差异为基础，以实现各地公共服务的均等化为目的而实行的一种财政资金或财政平衡制度，分为纵向财政转移支付和横向财政转移支付
	专项补偿基金	政府各部门为开展生态补偿建立专项基金，用于生态保护和建设行为进行资金补贴和技术支持
	生态建设重点工程	政府通过直接实施重大生态建设工程来对项目区的政府和公众提供资金、技术等补偿。如我国的退耕还林、天然林保护、退牧还草、“三北”防护林等工程
市场手段	生态环境补偿费	是我国较早实行的一种环境保护手段，以防止生态环境破坏为目的，对破坏者进行收费。主要用于资源的管理和保护等，体现资源的价值
	排污收费	根据庇古原理制定的一种经济手段，主要是对污染排污者的排污行为进行收费。是我国应用最广泛的一种方式
	生态（环境）税	针对生态环境保护而开征的税收，中国目前还没有纯粹的生态（环境）税，但在现行税制中有许多关于生态环境保护的条款，也有如资源税等专门税种
	排污权交易	是根据污染物排放总量发放一定数量的排污许可证，并通过市场交易许可证，来达到保护环境的目的
	“一对一”交易	主要用补偿主体与对象明确，双方互相达成协议的情况。适合于跨省界中型流域、城市饮用水水源地和辖区小流域的生态补偿问题
	碳汇交易	利用碳汇清洁发展机制开展国际间的碳汇交易，如跨国间的造林项目等
	生态标记	这是一项广泛发展的制度，可以作为生态功能区和流域生态补偿的一种创新政策工具加以应用

5.5.1.2 政府手段与市场手段的比较

生态保护由于具有公共物品的性质，不能依靠私人市场进行解决，而政府必

① 任勇、俞海、冯东方等：《我国建立生态补偿机制的战略与政策》，《中国环境报》，2006 年 12 月 8 日。

须进行干预，政府手段由此产生。政府手段也称为直接管制手段，其主要形式有制定排污标准、政府财政支出、法规政策等。直接管制手段作为政府保护生态环境的一种手段，在处理环境问题方面发挥了重要作用，特别是在市场体系不发达的环境下，在处理历史遗留环境问题和突发性重大环境问题时，政府直接管制手段具有较强的针对性和较好的效果。但从经济成本的角度看，政府管制手段面临的主要困难在于：①政府制定的补偿标准是否是最优的；②执行成本较高，补偿措施出台后需要政府进行监督执行，因为市场本身没有机制来执行这种措施，而政府在监督管理过程中需要大量的执行成本；③地方政府或部门之间的博弈行为，因为管制手段是利益的再分配，它直接涉及一些企业和部门的实际利益，因此容易遭到地方政府或企业的反对；④没有发挥企业的积极作用。企业在生态保护、污染治理中具有相当重要的作用，而管制手段忽视了企业间的差异或企业的技术创新能力，结果容易加大生态环境保护的成本。

从实践中看，政府直接进行管制曾是许多国家治理环境污染的主要手段，也曾被政府视为当然的责任。以我国的淮河污染为例，1994 年制定了《淮河流域水污染防治条例》，这是我国在环境保护方面针对某一地区环境问题的第一部法规。随后又采取了“零点行动”，关闭“十五小”企业等措施。应该说，10 年来，我国在淮河污染治理上主要是行政推动型，更多的是采取行政管制手段。但从实践中来看，还存在许多问题，如《条例》的实施不到位，一些地方政府为了保护本地企业而采取的保护措施，企业中存在“守法成本高，违法成本低”等现象。根据国家环境保护总局于 2004 年进行的抽查，严重超标排污企业 52 家，占检查总数的 31.5%，17 座污水处理厂未正常运行或处于停运状态，占检查总数的 56.7%。在体制、法制、能力上都成为环境执法的重要制约因素[①]。

生态补偿的市场经济手段是指主要通过经济措施，如收费、排污权交易等方式使企业有更多的选择，从而达到保护生态环境的目的。理论上，经济手段具有更大的灵活性，更能发挥企业的积极性。以污染治理为例，为达到同样的削减目标，收费比统一削减有更高的经济效率。这一点可用经典的鲍莫尔-奥泰斯定理（Baumol 和 Oates Theorem）来表述。

在图 5-3 中，横轴表示污染排放量的削减量（排污控制量），纵轴表示成本和排污费。假设只有 3 家厂商。MAC_1、MAC_2、MAC_3 分别表示这 3 家厂商的边际治理成本，同时假定 $MAC_1 > MAC_2 > MAC_3$。因为使用不同的控制技术，不同厂商的 MAC 不同，这与现实情况相符。

① 陆新元：《体制、法制、能力、环境执法困难重重》，《人民日报》，2004 年 8 月 19 日，第十六版。

现在，为了达到削减 3 倍于 OS_2 标准当量吨污染物总量的目标，政府可采取两种政策措施：一种是设定一个统一的削减标准，要求每个厂商都削减图中 OS_2 标准当量吨的污染物；另一种则是设定一个排污费率 t。排污费率线 t 与 3 个厂商的边际削减费用线 MAC_1、MAC_2 和 MAC_3 分别交于 X、B 和 Y 点，其对应的 3 家厂商污染物削减量分别为 OS_1、OS_2 和 OS_3。也就是说，当厂商 1、厂商 2 和厂商 3 的污染物削减量分别大于 OS_1、OS_2 和 OS_3 时，它们各自每增加一个单位污染物削减量所需支出的费用将多于排放该单位量污染物所应缴纳的排污费税，因而它们将倾向于减少污染物削减量，即增加污染物排放量；反之，当厂商 1、厂商 2 和厂商 3 的污染物削减量分别小于 OS_1、OS_2 和 OS_3 时，它们各自增加一个单位污染物削减量所需支出的费用将少于排放该单位量污染物所应缴纳的排污费税，因而它们将倾向于增加污染物削减量，即减少污染物排放量。

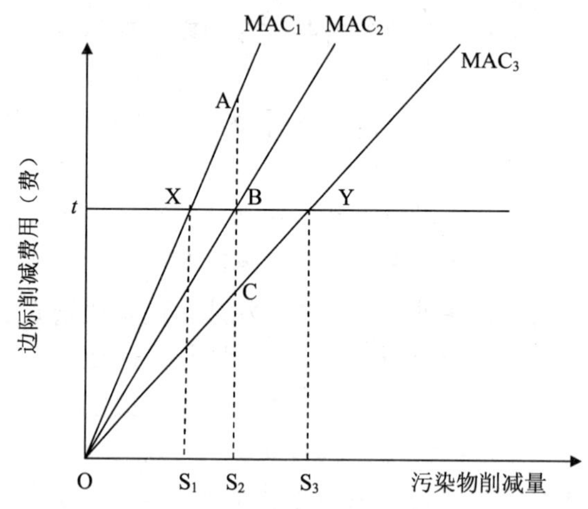

图 5-3　排污收费与统一排污标准的比较

按照前面最优庇古税的确定，OS_1、OS_2 和 OS_3 分别为厂商 1、厂商 2 和厂商 3 的均衡污染物削减量为叙述方便，假设正好有如下关系存在：

$$S_1S_2=OS_2-OS_1=OS_3-OS_2=S_2S_3$$

上式的含义在于：就均衡污染物削减量而言，厂商 1 少于厂商 2 部分 S_1S_2 正好等于厂商 2 少于厂商 3 的部分 S_2S_3。根据式定的关系，可导出 3 家厂商均衡污染物削减量之和恰好等于 3 倍于 OS_2 的总目标削减量，即：

$$OS_1+OS_2+OS_3=3\times OS_2$$

以上叙述表明：在图中，无论采用排污费税手段还是采用设定统一污染物削减量标准的手段，3 家厂商所削减的污染物总量都是 3 倍的 OS_2。接下来要考察的是：在达到以上相同总污染物削减量目标的情况下，分别采用两种政策手段在污染物削减费用（削减成本）上有何差别。在采用设定统一削减量标准手段时，它们的削减费用分别为图中的 OAS_2、OBS_2 和 OCS_2，则其总削减费用为：

$$TAC_1=OAS_2+OBS_2+OCS_2$$

而在采用排污费税的情况下，为达到相同污染物削减总量目标而需要 3 家厂商支出的削减费用分别为图中的 OXS_1、OBS_2 和 OYS_3，则其总削减费用为：

$$TAC_2=OXS_1+OBS_2+OYS_3$$

从图中几何关系中可以看出：

$$\begin{aligned}TAC_1-TAC_2 &= (OAS_2+OBS_2+OCS_2)-(OXS_1+OBS_2+OYS_3)\\ &= S_1XAS_2-S_2CYS_3\\ &= (S_1X+S_2A)\times S_1S_2/2-(S_2C+S_3Y)\times S_2S_3/2\end{aligned}$$

因为，$S_1S_2=S_2S_3$；$S_1X=S_3Y$；$S_2A>S_2C$

故上式结果大于零。

因此，在达到相同污染物削减总量目标的情况下，当污染厂商具有使自身支出费用最小化的理性行为特征并且不同厂商的边际污染物削减费用存在差异时，对不同厂商采用按统一费率征收排污费的经济手段比设定统一污染物削减量标准的手段具有更高的经济效率。

与政府手段不同，市场手段思路认为保护生态环境、治理污染的主体是企业，而不应是政府。因此，政府的主要职责不是替企业“埋单”，而是通过制定一系列的可供选择的方式，使企业进行成本收益的比较，从而选择有利于环境的行为。在世界银行提出的新污染控制模式中，环境管理的信息量和透明度比以前大得多，因为环境部门可以通过多渠道施加影响，这使环保部门更像一个仲裁者，而不是一个独裁者。其次，丰富的经济手段使企业有了更多的选择。在传统的直接管制下，企业的选择是被动的，只能根据行政命令安排生产，而一些小企业可能直接面临关、停、并、转的风险。采取经济手段，则使企业可以在关闭、减产、自行治理、交费、购买排污权等多种方式中进行选择，不同的企业根据自身的技术水平、生产规模、资金实力、产品需求弹性等情况选择适合自己的污染控制政策，从而既使环境质量达到标准，又使治理成本最小化。

市场手段也具有一些不足：①市场手段要求市场体系比较健全，而在我国目前的阶段，环境资源的市场体系还没有完全建立，排污许可证交易还无法广泛运用；②一些经济手段同样需要政府的配合，经济手段并不排斥政府。在存在公共物品和外部性的情况下，政府干预始终是必要的，甚至即使为了环境公平的原因政府也可以进行干预。只是政府干预的形式发生了变化，不再是直接管制，而是通过经济手段的不断创新，引导企业向环境友好型方面发展。

5.5.2 以政府购买模式开展补偿

5.5.2.1 政府购买模式概述

生态保护和建设由于具有明显的公共物品特性，政府应该发挥重要的作用。政府购买也即公共支付体系，指政府提供项目基金或直接出资，并通过发行国债或水、电、气费来为巨大的生态工程募集并回笼资金。这种模式的理论依据是生态保护和建设活动具有强烈的正外部性，社会上普遍存在“搭便车”的现象，没有人为此埋单，因此只有政府埋单是最优的。

长期以来，我国的生态保护和建设活动具有明显的政府主导型特征，这主要体现在以下几方面①：

（1）国家政府非常重视生态环境保护工作，国家和党的领导人经常发表关于保护资源环境的讲话。譬如，中央每年都召开“人口、资源与环境”工作会议，专门研究我国的资源环境问题。这一点与西方发达国家不同，在它们那里，政府一般是迫于社会压力而设置环保机构，开展环保工作。

（2）政府是生态环境保护的主要促进者。我国的环境保护和生态建设工作一开始基本上是从下到下开展起来的。在很长的一段时间内，政府是环境保护的主要促进者和宣传者，而广大老百姓的环境意识较弱。

（3）政府是生态保护的主要监督者。政府的环保部门是环境保护有关规定执行情况的监督者。在很长时期内，由于对新闻媒介的严格控制，早期媒介对于环境保护的监督作用也没有充分发挥，媒介的环境报道主要是以正面报道为主。

（4）政府是生态保护的仲裁者。在早期，由于法制不完善，环境保护纠纷主要是通过政府用行政手段解决。随着环保法制的日趋完善，政府作为仲裁者的角色本应该逐渐淡化，但由于一些特定的制度安排（如我国环保指标的行政首长负

① 洪大用：《中国民间环保力量的成长》，中国人民大学出版社，2007 年，第 6-9 页。

责制），政府仍然是环境保护的仲裁者。

5.5.2.2　政府“生态购买”的形式

政府在生态补偿中的作用主要应该体现在以下方面：①制定生态保护的主要目标。各种经济手段能够促进生态保护行为，但并不能控制污染总量，也无法确定不可再资源的流量，因此，需要政府明确全社会的资源环境目标。②不断完善生态补偿的法规。我国生态补偿的法规中还存在许多问题，需要各级政府加以完善。将生态补偿的原则、主体、对象、标准、期限等基本问题以法规的形式明确下来。③加强生态补偿行为的监管。对各种法律法规的执行情况，对各种生态保护或破坏行为进行监督管理。④不断出台更多的政策，激励企业或公众开展生态补偿。

政府购买的形式就是各级政府用财政资金对保护和建设生态环境的主体进行实物或经济补偿，以激励其继续保护和建设生态环境。

靳乐山等（2006）通过对流域生态环境服务的支付方式比较，认为政府购买模式仍是支付生态环境服务的主要方式。如美国政府购买生态敏感土地以建立自然保护区（保护地），同时，对保护地以外并能提供重要生态环境服务的农业用地实施“土地休耕计划”等政府投资生态建设项目。德国对北莱茵河流域威斯特伐利亚地区生态和可持续水管理的拨款计划就是政府购买生态的典型案例。该计划由环境部发起，适用范围是北莱茵河流域威斯特伐利亚地区。该计划是为了支持减少污染水排放，改善水循环，或通过改变生产过程减少污水中的有害成分的活动。工厂和制造公司，不论规模大小和收入多少都符合该计划的支持条件，一些特定的公共机构也在资助范围内。财政援助采取拨款形式，大约能够提供 50%的投资成本，其总量不超过 10 万欧元。

5.5.2.3　政府“生态购买”模式的问题

政府购买模式中的支付费用，理论上应大于或等于该土地转为生态用地的机会成本，同时小于或等于该地提供的生态环境服务价值。现实中，因为生态环境服务价值难以计量和货币化，机会成本成了唯一现实的衡量标准。

（1）政府购买模式中的突出问题是由信息不对称引起的补偿标准问题。理论上，政府对购买的生态服务价格难以计量。实际中，政府很难掌握每块土地转为生态用地的机会成本，因为该机会成本与土地肥力有关、与土地的位置有关、与当时当地的经济条件和市场条件有关。因此，政府购买模式中，各国都倾向于用几乎单一的支付标准来购买生态环境服务。例如，中国的退耕还林工程有两个支付标准：长江流域退耕，补偿标准是 150 kg/（亩 • a）粮食、20 元现金补助，合计 230 元/（亩 • a）。黄河流域退耕的补偿标准是 100 kg/（亩 • a）粮食、20 元现金补助，合计 160 元/（亩 • a）。还林的补助标准统一为 50 元/亩。而据徐晋涛等（2004）对农户土地退耕机会成本的估算，陕西省样本土地块退耕前的每亩净收益平均为 43 元，远远低于补贴标准 160 元；甘肃样本退耕地块退耕前的每亩净收益平均为 142 元，也低于国家补贴标准 160 元；四川样本退耕地块退耕前单位面积的净收益平均为 191，比国家补贴标准低了 10%。因此，退耕的机会成本在不同地区之间差异显著，政府支付水平远高于农民机会成本，意味着支付成本过高，政府购买行为有很大的成本节约空间。

（2）政府购买模式中除了存在信息不对称外，官僚体制本身的低效率、寻租腐败的可能性以及政府预算优先考虑领域的转移，都可能影响政府购买模式的实际效果。政府实施的发展计划、工程项目、政策规划，常常是多目标服务的，很少有实现某一单一目标而启动一个发展项目。例如，中国的退耕还林工程从 1999 年开始试点到 2001 年正式实施，到 2003 年，工程规模急速扩张，但 2004 年退耕还林工程又大规模缩减，从 2003 年的计划退耕 333.33 万 hm^2，减少到 2004 年的 66.67 万 hm^2（国家林业局，2004）。这种剧烈变化与宏观经济环境的变化相对应。因为退耕还林虽然是一个国家投资的生态建设工程，但从一开始它就含有其他目标，如解决 1995—1998 年农业连年丰收带来的粮食库存压力，粮食价格走低引起的农民收入增长停滞问题，国有粮食企业改革效果甚微导致的巨额亏损挂账问题（陶然等，2004）。

（3）政府购买模式的长效机制问题。政府购买模式可能在一段时期内有效，但其长期有效性值得怀疑。1999 年，退耕还林工程在四川、陕西、甘肃 3 省率先启动，但在禁伐之后又无替代产业之时，当地民众返贫现象严重（刘治国、李国平，2004）。长江、黄河上游以伐木为生的居民仅靠救济金或者其他补助款项生活，当为了长期稳定地保护好生态环境，这些地区还需要实施生态移民，这又给地方经济带来了更大的压力。如四川省 1998 年实行天然林禁伐，使得当年与木材相关产业的财政收入减少 7.4 亿元，占全省财政收入的 5.19%。甘孜州全州农民的纯收入减少 13%，人均减少 200 元。马边县因此有 6.8 万人失去就业机会，减少收入 1 亿元（王跃生、韩忠欣，2002）。同时，仅仅依靠中央财政和生态建设区政府的财政投入，很难保证生态建设的持续推进，如西双版纳自然保护区内的群众就因为参与生态建设得到的补偿大大低于其实际遭受的损失，而采取拒绝领取补偿费的方式以表达不满。

5.5.3 通过交易市场进行补偿

完全依靠政府来对生态保护行为进行补偿既不现实，也不必要。生态补偿具有多种层次、多种类型，政府不可能对每种生态保护活动都给予补偿。例如，政府不可能关注到每个人的植树活动，也无法准确得到某些企业的生态保护信息。另一方面，生态补偿也没有必要完全依靠政府。在生态系统服务的供给者和需求者之间建立一种直接的交换关系，通过市场机制来达成生态服务价值实现和保护生态的目的，完全值得提倡。

通过市场交易来开展生态补偿的前提是要有生态服务市场。生态系统提供的各种服务没有相应的市场，因此其价值难以实现。随着人们对生态产品和服务重要性认识的增强，生态服务市场也逐渐出现。下面以森林为例构建一个简单森林生态服务市场平衡。森林生态服务市场的主体包括产品服务的需求者和供给者。这个市场就局部来看符合经济学所包含的市场要素，即产品（服务）、产品价格、需求者、供给者。

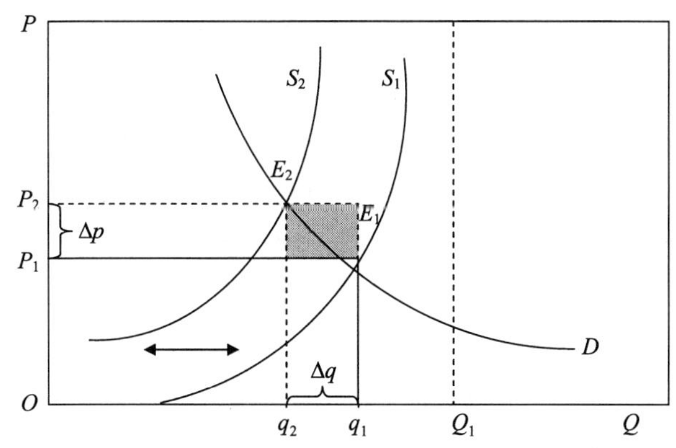

图 5-4　森林产品的市场供求平衡

如图 5-4 所示，Q 表示森林中某产品（服务）A 的数量；P 表示 A 产品的市场价格；曲线 S 表示 A 产品的供给[①]；曲线 D 表示 A 产品的需求[②]；E_1（p_1，q_1）表示市场均衡时 A 的价格和数量集合；Q_1 是流域所能够提供的 A 产品的最大量（竖的虚线表示，这是因为自然资源是有限的）。

当没有市场交易时，森林所有者将最大化地砍伐森林，获取最大的收益，此时，产品 A 的产量为 q_1，市场均衡点在 E_1（p_1，q_1）。如果下游居民给森林所有者一定的经济补偿Δp 并要求其保护部分森林，此时 A 的供给曲线将向左移动，即由

① 供给曲线会出现先向上再向后弯曲，是因为当遭到污染时资源的供给量和质量都会减少。

② 生态服务的需求弹性一般较小，即随价格的变动需求的变化不是很大，从而需求曲线较为陡峭。

S_1移动到S_2，并在新的E_2（p_2，q_2）点达到平衡。此时，市场仍然处于均衡状态，同时森林得到了保护。其中的关键是森林受益要和森林所有者达成交易。

这种通过市场交易来开展生态补偿的案例已经数不胜数。从目前的交易来看，主要是“一对一交易”模式，即生态服务受益方与提供方之间的直接交易，包括诸如直接购买土地及其开发权、生态服务的异地受益者与提供生态服务的土地所有者之间的直接偿付体系。这种模式是生态补偿的重要途径，其应用范围较广，常见于流域上下游之间的生态服务交易。

5.5.3.1 市场交易模式：美国 Catskills 流域的供水交易

美国纽约市上游 Catskills 流域（位于特拉华州）之间的清洁供水交易。纽约市 90%的用水来自于上游 Catskills 流域。1989 年美国环保局要求，所有来自于地表水的城市供水，都要建立水的过滤化设施，除非水质达到相应要求。纽约市经过估算，要建立新的过滤净化设施，需要投资 60 亿～80 亿美元，加上每年 3 亿～5 亿美元的运行费用。而如果对上游 Catskills 流域在 10 年内投入 10 亿～15 亿美元以改善流域内的土地利用和生产方式，水质就可以达到要求。因此，纽约市最后决定通过投资购买上游 Catskills 流域的生态服务。如向该流域内的奶牛场和林场经营者支付 4 000 万美元，为使他们采用对环境友好的生产方式。

5.5.3.2 水权交易模式：浙江东阳—义乌水权交易

浙江省金华河上游地区水资源丰富的东阳与下游水资源紧缺的义乌市达成水资源贸易协议。义乌市每年支付给东阳县两亿元用以购买每年 5 000 万 m^3 的永久调水权，每立方米水的价格为 4 元，依据是通过测算二者通过节水工程增加每立方米水资源成本的差额确定的。东阳县保证水质达到国家现行一类饮用水标准。除此之外，义乌市向供水方支付当年实际供水 0.1 元/m^3 的综合管理费（含水资源费、工程运行维护费、折旧费、大修理费、环保费、税收、利润等所有费用）。这是我国首例水权交易协议。

义乌市为解决水资源紧缺的问题提出了 3 个方案：①扩建原来的水库；②新建水库并通过管道向义乌城区供水；③以投资的方式实施境外引水。客观条件表明，义乌市境内已没有很合适的库址，提水灌溉的办法也受到很多客观条件的限制，如过境水少，水污染严重等。境外引水这一方案就成了唯一的可行方案。另外，新建、扩建水库以及净化水资源的成本可能远高于水权交易的成本，这也是促进水权贸易的一个最重要的动力。横锦水库的水资源来源于上游西溪，义乌市对东阳市支付的两亿元也可以看做对东阳市永久性地保护水源并节约水资源的一种经济补偿。

东阳—义乌水权交易打破了水权市场的空白，打破了行政手段垄断水权分配的传统，率先以平等、自愿的协商方式达成交易，第一次形成一个跨地区（城市）的水权流转市场。同时，水权交易的成功进行也为开展生态补偿提供了新的渠道。流域上下游之间可以通过市场协议的形式来达成一致，将上游保护水源的外部性内部化。

5.5.3.3　“异地开发”模式

在流域生态补偿中，“异地开发”模式取得了较好的效果（万军等，2006）。流域“异地开发”主要是针对上游地区不能布置污染项目，需要下游地区提供一定的发展空间。“异地开发”模式在国内和广东省都取得了较好的经验，是解决流域水源地保护和补偿问题的有效方式。

浙江省金磐开发区是区域之间“异地开发”成功模式的典型案例。一种方式是下游地区的金华市在其开发区内为上游地区的磐安县提供一个工业开发区，接纳磐安县的招商引资项目，由磐安县自主开发。另一种方式是龙门县金龙开发区，金龙开发区由龙门县统一规划设立，接纳上游各镇的招商引资项目，避免上游村村点火、户户冒烟，也有利于建立完善的环境保护设施并提高其使用效率，从而减少开发对环境造成的污染和破坏。

5.5.3.4　“一对一”交易模式：哥斯达黎加瓜纳卡斯自然保护区与黄金公司的交易

哥斯达黎加西北部的瓜纳卡斯特省有一家柑橘公司——黄金集团公司，该公司开了一家榨汁厂。工厂每天都有 300 t 的果渣需要处理，依惯例，当然应该再投资兴建一家处理厂，把废弃的果渣加工处理成牛的饲料。可黄金公司不想这么做，因为该公司正准备推出环保型果汁，如果用化石燃料加工处理果渣，将使其环保形象受损，另外，就是还得多花好几百万美元建厂资金。

后来，黄金公司解决了果渣处理问题。他们与当地的瓜纳卡斯特自然保护区（ACG）进行了“一对一”交易，黄金公司将自己的一片林地奉送给 ACG。该林地位于黄金集团公司的柑橘种植基地和 ACG 之间，曾经也少量地伐过几次木材，面积大约 3 445 英亩，价值 48 万美元。ACG 则根据协议，在为期 20 年的时间里，向黄金集团公司提供一系列生态服务，包括从其高大潮湿的雾林里引水，利用当地的野生甲虫控制虫害，以及对黄金集团公司的所有果渣进行生物降解。

一个专业生产性企业和一片荒山野岭之间签署了这样一项协定，解决了黄金公司的果渣问题。“一对一”交易这种模式的特点是，交易的双方基本上是确定的，只有一个或少数潜在的买家[某城市市政供水企业、某水力发电站、某特殊用水企业（如矿泉水企业等）]，同时只有一个或少数潜在的卖家（某一中小流域）。交易的双方直接谈判，或者通过一个中介来帮助确定交易的条件与金额。该中介可能是一个政府部门、非政府组织或者是一个咨询公司。

5.5.4 《京都议定书》与碳汇交易

随着全球一体化的加速，生态保护和建设活动已经越过国界在全球范围内开展起来，特别在生物多样性和全球气候变化这两个领域，世界各国的联系越来越紧密。生态补偿不仅是中国政府的生态经济政策，也是世界范围内的生态保护策略。因此，利用市场途径实现全球范围内的生态补偿成为必要，下面以全球气候变化中涉及的补偿问题进行讨论。

5.5.4.1 全球气候变化与《京都议定书》

1992 年，联合国通过了旨在缓解全球变暖趋势的《联合国气候变化框架公约》（简称 UNFCCC）。其中不仅包括公平、责任、能力、成本有效和可持续发展等重要的指导原则，也建立了发达国家和发展中国家有差别承诺的概念。UNFCCC 自缔约之日起，已经有全球的 185 个国家参与，并成功地举行了 8 次由各缔约国参加的缔约方大会。

1997 年 12 月，《联合国气候变化框架公约》第 3 次缔约方大会在日本京都召开。149 个国家和地区的代表通过了旨在限制发达国家温室气体排放量以抑制全球变暖的《京都议定书》。《京都议定书》的目标是要求附件 I 国家在 2008—2012 年间，总体上要比 1990 年水平平均减少 5.2%。其采取的原则是“共同但有区别的责任”原则①。《京都议定书》生效的两个必备条件：①经各国国内程序批准议定书的国家达 55 个；②批准《京都议定书》的国家中，附件 I 缔约方 1990 年二氧化碳排放量须至少占全体附件 I 缔约方 1990 年排放总量的 55%。

最初，美国积极参与气候变化研究，但美国于 2001 年 3 月宣布退出《京都议定书》②。因此，两个必备条件难以生效，只能争取俄罗斯签署协议。2001 年，各成员国达成主要针对俄罗斯“马拉喀什协定”，俄罗斯总统普京于 2004 年 11 月 5 日在《京都议定书》上签字。2005 年 2 月 16 日，《京都议定书》正式生效。

《京都议定书》规定了 3 种机制：①排放贸易机制（ET)。如果一国的排放量低于条约规定的标准，其剩余的额度可以直接出售给完不成规定义务的国家，以

---

① 《京都议定书》规定各发达国家从 2008—2012 年必须完成的削减目标是：与 1990 年相比，欧盟削减 8%、美国削减 7%、日本削减 6%、加拿大削减 6%、东欧各国削减 5%～8%。新西兰、俄罗斯和乌克兰可将排放量稳定在 1990 年水平上。议定书同时允许爱尔兰、澳大利亚和挪威的排放量比 1990 年分别增加 10%、8%和 1%。议定书允许发展中国家不承担减排义务。

② 美国退出的理由是：第一，过多的环境保护可能抑制经济增长，让 500 万美国人丢掉饭碗；第二，《京都议定书》凭什么免除发展中国家减排和限排温室气体的义务？第三，温室气体导致全球气候变暖的说法尚无科学依据。

冲抵后者的减排义务。②联合履行（JI）。允许承担减排义务的国家在成本较低的另一承担减排义务的国家投资旨在减少二氧化碳排放的项目，并将因此减下来的减排额返还投资国，冲抵减排义务。③清洁发展机制（CDM）：该机制与 JI 相似，两个机制的区别在于，前者仅涉及发达国家之间，而后者则扩展到发展中国家。而正是这一点，为我国利用国际资金开展生态保护提供了机遇。

5.5.4.2 碳交易市场

碳交易（即温室气体排放权交易）就是购买合同或者碳减排购买协议（ERPAs），其基本原理是，合同的一方通过支付另一方获得温室气体减排额。买方可以将购得的减排额用于减缓温室效应从而实现其减排的目标。

通常来说，碳交易可以分成两大类：①是基于配额的交易。买家在“限量与贸易”体制下购买由管理者制定、分配（或拍卖）的减排配额，譬如《京都议定书》下的分配数量单位（AAU），或者欧盟排放交易体系（EU ETS）下的欧盟配额（EUAs）。②是基于项目的交易。买主向可证实减低温室气体排放的项目购买减排额。最典型的此类交易为 CDM 以及联合履行机制下分别产生核证减排量和减排单位（ERUs）。如森林碳固定抵消温室效应的生态环境服务。1996 年哥斯达黎加启动了“森林环境服务支付”（FESP）项目，项目中对植树造林支付费用（2002 年的支付水平为 5 年每公顷支付 530 美元，支付水平每年调整），所植树木要以国际标准严格认证。所支付的费用，有一重要部分来自于政府通过成立“碳基金”而在国际上销售森林碳固定抵消温室效应这一生态环境服务（商品化为“可认证、可交易的温室气体低消单位——CTO）。1996 年哥斯达黎加做成第一笔 CTO 碳交易，以 200 万美元的价格卖给挪威 20 万个 CTO 单位（相当于抵消 20 万 t 碳排放）。

森林碳汇市场对中国等发展中国家有特别重要的意义。因为《京都议定书》积极倡导清洁发展机制（CDM），2001 年各缔约国在摩洛哥 Marraakesh 又签订协议，同意将造林（afforestation）和再造林（reforestation）作为合格的清洁发展项目，允许发达国家通过在发展中国家实施林业碳汇项目，来抵消其部分温室气体排放量。这项规定为发展中国家在市场上出售森林碳汇生态环境服务创造了条件。如哥斯达黎加创建了森林碳汇市场，将本国造林和再造林所提供的碳汇生态环境服务出售给挪威、荷兰等工业化国家。世界银行积极推动森林碳汇市场的创建，2002 年世界银行建立了社区发展碳基金，以促进社区、小型项目和发展中国家农村参与森林碳汇市场。

世界银行近期发布的关于碳市场发展的报告显示了目前碳交易所取得的进展，同时也表明未来的路还很长。碳交易市场存在的理论很简单：国家制定排放限制额，然后分配给各个商业领域一定的排放许可，允许其产生一定量的二氧化碳（或者其他污染气体）；排放许可由一个监管权威机构分配——尽管从理论上来说，这些排放许可额度可能被出售，这也是很多经济学家更为认可的方式；然后各个企业可以在一个透明的市场上进行排放许可交易。

5.5.4.3 中国 CDM 项目发展情况

从 2002 年起，CDM 项目已经进入中国。2002 年下半年，荷兰政府和中国政府就中国第一个 CDM 项目内蒙古自治区辉腾锡勒风电场项目签署合同，合同规定 CERs 的支付价格为 5.4 欧元/t CO_2，而该 CDM 项目年平均二氧化碳减排量约为 54 000 t。投资该项目的中国企业获得了总计约人民币 2.7 亿元（合 2 700 万欧元）的收益保证。对于小孤山水电站项目来说，项目投资者是世界银行的试点基金（PCF）。该项目的总二氧化碳减排量信用额为 3 723 000 t，CERs 约为 4 美元/t CO_2。因此该项目中方投资公司小孤山水电公司将会得到将近 1 500 万美元投资。此外，由中国国家林业局与意大利环境国土资源部根据 CDM 造林再造林碳汇项目相关规定签署的"中国东北部敖汉旗防治荒漠化青年造林项目"近期将正式实施。今后 5 年的时间内，双方投资 153 万美元，在我国内蒙古自治区敖汉旗荒沙地造林 3 000 hm^2。

据中国社会科学院可持续发展研究中心副主任潘家华和国际著名的碳交易中介机构 Camco 国际首席运营官 Alex Westlake 介绍，CDM 项目主要涉及五个领域，分别是化工废气减排、煤层气回收利用、节能与提高能效、可再生能源、造林与再造林。青海省第一个旨在按照国际公约《京都议定书》减排二氧化碳等温室效应气体的清洁发展机制项目——格尔木 30 万 kW 燃气轮机电站项目，获得国家发改委批准，待下一步在联合国注册后即可开始实施。该项目的批准，预示着青海省节能环保工作走向了国际合作的道路。

另据英国《金融时报》报道，联合国开发署将与中国建立碳交易所。根据《京都议定书》清洁发展机制，发达国家应在贫穷国家投资风电场和水电站等减少温室气体排放量的项目。目前，碳排放配额在国际市场上可以售到每吨 15～18 美元。据世界银行统计，2006 年前 9 个月，发展中国家碳排放配额交易额达 30 亿美元。预计 2012 年，中国将占全球碳交易额的 40%。国家发改委、科技部、商务部、国家环保总局等单位将参与项目合作。"中国清洁发展机制基金"（CDMF）在 2007 年 3 月启动。据介绍，欧洲投资银行已经承诺给予该基金 5 亿欧元贷款。该项目是由联合国开发计划署和国家科技部合作，总投资约 170 万美元，在未来两年内，将在中国中西部的 12 个省进行试点，旨在为中国扩大碳市场、减少温室气体排放提供能力建设和政策建议。

5.5.4.4　碳交易中的风险

但是，我国在利用碳汇交易进行生态补偿的同时，也必须注意到碳汇交易中存在的一些风险：

（1）审批程序带来的不确定性。CDM 项目必须要履行国内、国际两套程序，经过多个机构审批，一个项目从申请到批准最顺利也需要 3～6 个月时间，复杂的审批程序可能会给最后的结果带来不确定性，而不论结果如何，前期的设计、包装等费用甚少需要投入 10 万美元。而且由于“额外性”的要求，大多 CDM 项目并不是副产品，而是要投资后才能卖减排额，这些投资在审批结果不确定的情况下很可能打了水漂。

（2）恶性价格竞争。现在 CDM 基本上是买方市场，发展中国家企业的议价能力弱。随着大家对 CDM 的逐步认识，会有越来越多的企业加入到市场中成为供给方，那么，减排额的价格会进一步降低，预期的收益将会大幅度缩水。

（3）未来政策的变动。中国作为发展中国家，目前不必履行《京都议定书》的减排规定，但 2012 年以后呢？还得看到时候的谈判结果。但有一点可以肯定的是，在排放总量的硬约束下，中国的减排压力肯定越来越大。环保局有关专家表示，从发展趋势看，我国最终会成为 CDM 净买方。如果 CDM 项目建成了，国家不准卖，那企业肯定是“得不偿失”。

5.5.5　生态标记

生态标记实际上是对生态环境服务的间接支付方式。如经过认证的、以可持续方式采伐的木材，消费者愿意花高一点的价格来购买这种木材产品。经认证的、以环境友好方式生产出来的有机农产品，价格可以在市场上卖得高一些。2000 年全球经认证的有机农产品的贸易额已达 210 亿美元。据估算，美国消费者愿意每磅咖啡多花费 0.5～1 美元来购买经认证以环境友好方式生产的咖啡。消费者以这样一种方式购买生态环境服务。这种支付方式的关键，是能够赢得消费者信赖的认证体系。

中国生态标记认证，在农产品和食品领域有很大进展。中国的生态标记有 3 个等级：无公害农产品、绿色食品、有机食品。目前中国绿色食品已进入全面加快发展的新时期，产品总量年均增长速度接近 30%，出口增长速度超过 50%。2003 年底，中国绿色食品国内市场规模达 723 亿元人民币，出口国际市场 10.8 亿美元。

第6章 生态补偿保障措施

生态补偿作为一种生态创新的生态经济活动，需要一系列的措施来保障。主要包括法律体系、市场机制、国民经济核算体系、技术支撑体系、监督管理等。

6.1 建立绿色国民经济核算体系

绿色国民经济核算体系主张将生态环境资源纳入经济核算中，将有助于生态环境价值核算和生态环境保护。

6.1.1 国民经济核算及其缺陷

6.1.1.1 备受争议的 GDP[①]

现行的国民经济核算体系（System of National Account，SNA）形成于 1930 年代。1953 年，联合国在对一些国家已有统计成果研究的基础上，制定和发布了

① 在谈到绿色 GDP 时，魏茨察克在《四倍跃进——一半的资源消耗 创造双倍的财富》一书中写道："乡间小路上，两辆汽车静静驶过。一切平安无事，它们对 GDP 的贡献几乎为零。但是，其中一个司机由于疏忽突然将车开向路的另一侧，连同到达的第三辆汽车，造成了一起恶性交通事故。'好极了！' GDP 说。因为随之而来的是：救护车、医生、护士、意外事故服务中心、汽车修理或买新车、法律诉讼、新属探视伤者、损失赔偿、保险代理、新闻报道、整理行道树等，所有这些都被看做是正式的职业行为，都是有偿服务。即使任何参与方都没有因此而提高生活水平，甚至有些人还蒙受了巨大损失，但我们的'财富'——所谓的 GDP 却依然在增加。"（第 359 页）这是一个被许多教科书引用的经典例子，因为它清楚地反映了 GDP 指标的缺陷。在本例中，一次给许多人带来了损失的意外交通事故竟然增加了我们的 GDP 总量，也就是说，如果只看年末的 GDP 数字，我们的名义财富增加了。但事实是我们的福利受到了损失，甚至有人在交通事故中丧失了生命，而这些都是 GDP 指标所反映不出来的。

“国民经济核算体系”，其核心指标就是国内生产总值（Gross Domestic Production，GDP）。所谓 GDP，是指一定时期内一国或一个地区所有常住单位所生产的全部最终产品和劳务的价值总额。GDP 作为反映一国在特定时期内所进行的经济活动及结果的系统描述，它的内容概括了一国经济生活的各个方面，它是 20 世纪公认的重要发明创新。

但是，20 世纪中后期以来，随着可持续发展思想的产生和形成，全球生态环境的恶化，人们对 GDP 的作用与功能出现不同意见，争议也越来越多。当前关于 GDP 的指责主要是因为其统计内容的不完整性、重复性和不真实性，胡鞍钢（2001）指出，现行的基于名义 GDP 的国民经济核算体系存在严重缺陷，不仅没有扣除自然资产损失，而且将其中过度开采资源和能源，特别是不可再生资源，按照附加值统计计算在 GDP 总量之中。这就人为地夸大了经济收益，它是以资源的急剧消耗和环境的严重退化为代价的，必将导致真实的国民福利大为减少。张建华（2004）[①]总结了 GDP 的 7 个不足方面：GDP 无法描绘经济全局；GDP 不衡量社会成本；GDP 不衡量增长的代价和方式；GDP 不衡量效益、效率、质量和实际国民财富；GDP 不衡量资源配置的效率；GDP 不衡量社会公正和幸福；GDP 不衡量分配。综合学术界的各种观点，GDP 的缺陷主要集中在以下方面：

（1）GDP 计算了本不该计入的内容，从而夸大了真实产出（福利）。①GDP 将全部市场交易都计算在内，不论它是好的，还是坏的产出。例如，它把造成社会无序和发展倒退的“支出”（如犯罪、家庭解体等成本）均视为社会财富。又如，一些如赌博等非法交易也被算在了 GDP 中。②一些中间产品被误作最终产品计算。根据定义，GDP 只计算最终产品，但在现实中，有些实为中间产品的物质却以最终产品计入了 GDP 中，如为了治理环境而购买的产品。

（2）GDP 又遗漏了本该计入的内容，从而又缩小了真实产出（福利）。①没有考虑自然资源的消耗。现行 GDP 认为自然资源是自由财富，不去考虑自然资源的逐渐稀缺性，也不去考虑如何解决资源的质量下降和耗竭性资源的枯竭等问题。从而导致自然资源的过度消耗和浪费，因此，应该像对待固定资本一样对自然资源进行折旧。②没有考虑环境成本。GDP 核算经常将产生于环境污染的经济活动也计入到 GDP 中，致使环境污染、自然灾害导致 GDP 增加的情况，这一部分产生于防护性的支出应该作为“虚数”予以扣除。潘岳（2004）认为，GDP 只能反映经济产出总量或经济总收入的情况，而不能反映其背后的环境污染和生态破坏。

① 张建华：《超越 GDP——关注中国发展的关键时刻》，新华出版社，2004 年，第 8-23 页。

③GDP 没有考虑非市场交易的内容[①]。GDP 只计算经过市场交易的劳务和产品，而对于其他对社会非常有贡献的生产和劳务却被排除在外。例如，一些家务劳动如果改为雇人工作，会增加 GDP 的总量，但并没有计入 GDP 中，另外，志愿者的劳动也具有类似的性质。

（3）GDP 不能反映公平、效率和结构等问题。GDP 数字相同的国家，可能贫富差距较大，也可能劳动时间大不相同，还可能生产内容不同。①GDP 没有考虑社会公平。它不能反映社会贫富悬殊所产生的分配不公平等发展问题。②有的学者甚至认为 GDP 忽视了时间成本。较低收入者，并不因为有较多的空闲时间，而提高它的价值，而高收入者，却没有休闲时间，并没有将这些时间算进去当成扣除所得的一项成本（牛文元，2002）。③GDP 没有反映生产内容。GDP 反映的只是一国或地区最终产品和劳务的总量，却没有表明它们的内容性质。譬如，一国生产唱歌，而另一国生产粮食，GDP 虽然一样，但其内容完全不同。

6.1.1.2　GDP 核算对我国经济发展的负面影响

应该承认，自从我国实行 GDP 核算体系以来，对于国民经济发展和社会进步有过巨大的指导作用，然而这种既成的核算体系对于经济社会发展都有着较大的负面影响。

（1）经济的高增长忽视了资源环境的高成本损失。改革 20 多年来，我国经济以无可比拟的势头增长，经济总量翻了 3 番以上，居世界第 6 位。然而，经济高速增长的同时，增长质量不高和自然资源及环境破坏现象相当严重。能源使用上，我国每新增 GDP 一块钱要比世界其他国家平均多消耗 3 倍以上的能源；资源消耗上，生产同等资源产品，我国要比美、日等发达国家多动用 1～2 倍的矿产资源，如果再加上冶炼损失，我国消耗得更多。生态环境状况方面，从整体看我国也一直处于恶化状态。胡鞍钢（2001）指出，中国的各类自然资产损失占 GDP 的变化趋势反映了过去 20 年中国确实经历了“先破坏、后保护；先污染、后治理；先耗竭、后节约；先砍林、后种树”的发展过程，为此无论是国家，还是公民都付出了沉重代价，其真实国民财富因各种自然资源的损失而大打折扣。另据雷明（1998）的计算，在 1990 年代我国国内生产总值中，至少有 3%～7%的部分是以牺牲自然资源和环境取得的，属“虚值”或者说“环境欠账”。这个数字意味着，在我国整个 1990 年代的经济增长中，从实现可持续发展角度看，理想情况应

① 举一个典型形象的例子：一个颇有成就的小伙子请了一个漂亮的女孩做保姆，小伙子每月付给女孩 1 500 元，女孩负责每天给小伙子做饭、洗衣服、整理房间等事务。就社会而言，这一交易每月额外增加了 1 500 元的 GDP。时间长了，小伙子和女孩好上了，俩人结婚了。女孩照样给小伙子做饭、洗衣服、整理房间，但小伙子不用再付钱了。这时，就全社会而言，女孩的劳动对 GDP 没有贡献。

从每年 GDP 新增部分拿出 40%～60%对环境进行补偿。

（2）形成了“唯 GDP 是从”的经济考察方式偏差。在中国，一个特别明显的现象是政府官员的政绩与经济发展是紧密联系在一起的，而多年来，我们衡量经济发展程度的指标就是 GDP，因此，各地区 GDP 的数量和增长速度也就成为考核地方政府官员的主要指标。这种考核方式导致许多地方政府形成一种思维，一切以追求 GDP 的高速增长为唯一目标。在社会舆论和决策考虑的关键性环节上，GDP 甚至成了官员们唯一的指标。一些贫困落后的省份和地区由于在全国和省内 GDP 排名落后而倍感压力，为了保证 GDP 的增长数值，他们可以建设一些严重破坏生态环境项目的“硬道理”，甚至破坏世界自然文化遗产的“硬道理”；一些经济发达的地区更是将 GDP 的高增长看成是政府当仁不让的主要工作。由于 GDP 偏重反映经济活动量而不是反映这些活动对人的真实福利和它们的代价，因而成为干部任期之内边际收益最大化的指标。

6.1.2　绿色国民经济核算体系研究回顾

6.1.2.1　绿色 GDP 的提出背景

随着地球上资源的日益短缺和生态平衡遭到严重破坏，人们越来越清楚地认识到，传统依靠对自然资源掠夺性开发和破坏生态环境为代价实现的经济增长已难以持久，联合国计划开发署称传统的经济增长方式是“没有前途的经济增长方式”。人类要有效地保护自然资源和生态环境，实施可持续发展战略。不仅要实行经济核算，即投入产出的核算，通过核算，检验社会生产力发展的得失，而且还应实行资源环境的核算，建立资源环境账户，通过核算，检验自然生产力的消长。

绿色 GDP 的提出与资源环境危机是分不开的。在笔者看来，在对 GDP 的批判中，最有力的方面应该是指出 GDP 忽视了资源环境的成本。因为，对现行 GDP 的批判正是源于可持续发展思想的产生和形成，而可持续发展思想的产生则是出于人类对资源环境危机的觉醒。长期以来，自然资源由于其相对无限性不为人们所重视，甚至消失在职业经济学家的视野之外（余瑞祥，2000）。这可以从现代生产函数中得到证实。“土地—地租”“劳动—工资”和“资本—利润”曾经是三位一体的标准公式，但在现代生产函数中，只有劳动和资本的贡献，却没有自然资源（土地）的贡献。即使随着经济的发展，人们逐渐将技术、制度等先后引入生产函数中，却仍然没有对自然资源内生化进行研究。20 世纪中后期以来，自然资源的过度消耗和生态环境日益恶化，引起了人们的高度重视。从而使人们对经济发展的内容和质量进行反思，从而引发了一场关于经济指标的讨论。因此可以说，GDP 的主要缺陷在于其对资源环境的忽视或重复计算。

因此，绿色 GDP 的研究也就是围绕如何将资源消耗与环境成本考虑起来进行的。而绿色 GDP 也由于考虑了经济增长过程中的资源环境成本，因此被认为克服了 GDP 的固有缺陷，成为新发展观指引下引导经济增长模式转变的一个极为重要的指标。绿色 GDP 核算有两点可取的目的：①产品的生产和经济的发展要在一个良好的自然环境和生态环境下进行；要合理、有效地开发利用自然资源，并符合经济的可持续发展要求。②产品的生产和经济的发展应在满足人们物质生活极大丰富的同时，保障生存环境的良好循环和生活质量的不断提高。这个指标实质上代表了国民经济增长的正效应，它扣除了影响经济可持续发展的因素和给生态环境带来不利影响的因素。因此，一般认为，绿色 GDP 的增长是符合可持续发展要求的经济增长，是人类社会福利实际水平的提高[①]。

6.1.2.2 绿色 GDP 的提出过程

绿色 GDP 的形成不是一蹴而就的。为了成为一个真实、可操作、科学的指标，以衡量一个国家和区域的真实发展和进步，更确切地说明增长与发展的数量表达和质量表达的对应关系。围绕着构建以“绿色 GDP”为核心的国民经济核算体系，联合国、世界各国政府、著名国际研究机构和著名科学家从 1970 年代开始，一直在进行着艰辛的理论探索，从最初的国民经济净福利指标（NEW）、可持续收入（SI）、可持续经济福利指标（ISEW）到最后的绿色 GDP 指标，其间经历了几十年的不断演变和发展。

（1）生态需求指标（ERI）。生态需求指标（ERI）是 1971 年由美国麻省理工学院首先提出的，试图利用该指标测算与反映经济增长对于资源环境的压力之间的对应关系。该指标被国外一些学者认为是 1986 年布伦特兰报告的思想先锋。

（2）经济福利指标（Measure of Economic Welfare，MEW）。经济福利指标（MEW）是 1973 年由托宾（James Tobin）和诺德豪斯（William Nordhaus）提出的，他们打算通过该指标更好地反映社会福利，这也常被认为是首次修正国民收入指标。他们提出三方面的修改意见[②]：①扩展资产的范围并重新对支出进行分类。健康护理和教育应被看做是人力资本投资，而诸如警察和一些防护性支出应被看做“中间产品”，因为它们本身并不产生福利。②认为一些资本应该被考虑进来，如私人房产，耐久性消费品，闲暇及一些非市场产品等。③主张应该把都市发展中的社会成本从 GDP 中扣除（some costs of urbanization were deducted）。按此计算，美国从 1940—1968 年，每年经济福利所得，几乎只有 GDP 的一半。1968

① 事实上，关于绿色 GDP 的这种作用还有待讨论，笔者并不完全同意，下文将会进一步解释。

② Linton J. Environmental accounting：useful to whom and for what？[J]. Ecological Economics，1996，16，179-190.

年以后，二者差距越来越大，每年经济福利所得不及 GDP 的一半。

（3）净国民福利指标（Net National Welfare，NNW）。净国民福利指标（NNW）是日本政府于 1973 年提出的，它是对 MEW 的补充和完善，主要是将环境退化列入考虑之中。国家制定出每一项污染的允许标准，超过污染标准的，列出改善所需经费。这些改善经费必须从 GDP 中扣除。按此计算，日本政府当时虽然 GDP 年增长达 8.5%，但是扣除治污费用后，事实上只有 5.8%的增长率。

（4）净国内生产指标（Net Domestic Product，NDP）。净国内生产指标（NDP）是由里佩托（Rober Repetoo）等于 1989 年提出的，重点考虑了自然资源的消耗与经济增长之间的关系。他们选择自然资源非常丰富的印度尼西亚为研究对象，按他们设计的指标进行计算，印尼从 1971—1984 年，虽然 GDP 的增长率为 7.1%，但是扣除由于因石油耗损、木材减少，以及由于伐木引起的水土流失所造成的损失后，实际增长只是 4.8%。

（5）可持续经济福利指标（Index of Sustainable Economic Welfare，ISEW）。可持续经济福利指标（ISEW）是由世界银行资深经济学家戴利（Herman Daly）和科布（John B. Cobb）于 1990 年提出的，这是最著名和应用最广的一个指标。该指标考虑了社会因素所造成的成本损失，如财富分配不公、失业率、犯罪率等对社会带来的危害。更加明晰地区分经济活动中的成本与效益，如医疗支出等社会成本，不能算做是对经济的贡献。可持续经济福利指标的计算公式如下：

$$\begin{aligned}\text{ISEW}=&\text{个人消费}+\text{非防护性支出}-\text{防护支出}+\text{资产构成}\\&-\text{环境损害费用}-\text{自然资本折旧}\end{aligned}$$

按此计算，1950—1986 年，美国的可持续经济福利指数以每年 0.9%的速度增长，而 GNP 的增长速度是它的两倍，即 2%。但在 1950—1960 年，ISEW 每年增长 22.7%，远比 GNP 的增长速度 16.2%大。而在 1977—1986 年，ISEW 下降了 6.9%，相反，GNP 却增长了 16.2%。同样按此计算，澳大利亚从 1950 年到 1996 年间，实际增长率只有官方公布 GDP 增长率的 70%。

（6）“扩展的财富”指标和“真实国内储蓄”指标。1995 年，世界银行首次向全球公布了用“扩展的财富”指标作为衡量全球或区域发展的新指标。“扩展的财富”由“自然资本”“生产资本”“人力资本”和“社会资本”四大要素构成（牛文元，1997）。专家们公认“扩展的财富”比较客观、公正、科学地反映了世界各地区发展的真实情况，为国家拥有真实“财富”及其发展随时间的动态变化提供了一种可比的统一标尺。

1997 年，世界银行首次提出了真实国内储蓄的概念与计算方法，它是指在扣除自然资源（特别是不可再生资源）的枯竭以及环境污染损失之后的一个国家真实的储蓄率。世界银行的计算表明，中东地区总财富 39%来源于自然资本，几乎全部来源于石油和天然气，在扣除资源枯竭之后，这些国家的真实储蓄率都是负值。

（7）生态足迹指标（Ecological Footprint）。1996 年，加拿大英属哥伦比亚大学的雷斯教授（William Rees）和魏克内格（Mathis Wackenagel）提出了“生态足迹”[①]度量指标和计算方法。雷斯教授是人口生态学家，长期从事人口、环境和资源的学术研究，魏克内格教授是瑞士人在加拿大英属哥伦比亚大学区域规划研究所取得博士学位，他是雷斯教授的学生。两位教授于 1996 年合著《我们的生态足迹》（*Our Ecological Footprint*，1996），主要用来计算在一定人口和经济规模条件下，维持资源消费和废弃物吸收所必需的生产土地面积。

目前已有近 20 个国家利用“生态足迹”指标计算各类承载力问题，WWF 和 RP（Redefining Progress）世界两大非政府机构自 2000 年起每两年公布一次世界各国的生态足迹资料。2002 年 WWF 公布的 1999 年全球性生态足迹数据显示，1999 年全球平均每人的生态足迹 2.33 gha[②]，该年每人可提供的平均面积仅为 1.91 gha，生态足迹的赤字每人为 0.42 hm^2。根据 Wackenagel 等人的计算，自 1977 年以来，全球一直处于生态赤字中，换言之，地球可提供的可持续生产力与人口不相容，为容纳 1999 年的全球人口，该年需要 1.2 个地球（2.33 gha/1.91 gha）。东北大学资源与土木工程学院的生态足迹研究组对 2001 年的中国生态足迹进行了计算，结果表明中国的生态赤字由 1996 年的每人 0.9 hm^2 增加到 2001 年的每人 1.231 3 hm^2[③]。

（8）可持续收入（SI）及生态国内生产（EDP）。可持续收入指标是世界银行在 1980 年代提出的，作为评价“可持续发展”进程的综合指标及“可持续发展”思想的产物，“可持续收入”或称为“绿色 GNP”被界定为：在不减少现有资本资产水平的前提下所必须保证的收入水平。这里，资本资产包括人工资本（厂房、机器及运输工具等）、人力资本（知识和技术）以及自然资本（矿产资源、森林及草原等）。可持续收入的计算方法如下：

---

① 生态足迹的英文形式是“Ecological Footprint”，该词在国内有多种译法，如生态维持面积（李文华，2000），生态支撑点（孙刚，2000），生态脚印（侯瑜，2001），生态占用（李利锋、成升魁，2000），生态足迹（徐中民、张志强，2000）。本论文对这一概念译法不作评论，这里选用生态足迹一词，并没有特别含义。

② gha（global hectare），是生态足迹的单位，即“全球性公顷”，并非通常的土地面积公顷，一个单位的“全球性公顷”相当于 1 hm^2 具有全球平均产量的生产力空间。

③ 陶在朴：《生态包袱与生态足迹》，经济科学出版社，2003 年，第 183 页。

可持续收入/绿色 GNP = GNP –（预防支出+恢复支出+由于非优化利用资源而引起的超额计算的部分）–（固定资产折旧+自然资产折旧）

后来，联合国与世界银行又进一步提出了 EDP 指标。他们认为，从生产角度看，非生产自然资产的使用正如同固定资产消耗一样，应从传统国内生产总值中扣除，即

EDP = GDP – 固定资产消耗 – 非生产自然资产使用

这里，非生产自然资产使用是指人类生产活动对全部非生产自然资产的使用，它由两部分组成：一是经济资产中非生产资产的使用，二是环境资产的使用。

此外，比较有影响的可持续发展指标还有德国乌柏塔研究所（Wuppertal Institute）的"物质投入重量"（又称为"生态包袱"，Eco-Rucksack）测度指标，它也被广泛地运用。

从本质上来说，上述各种指标是一致的，它们都是在可持续发展思想及 GDP 指标的基础上，经过相应的调整得到的。不同的是，各种指标调整的侧重点不同，调整的内容也有所不同。这些指标的提出和应用，清楚地表明了人们对 GDP 的质疑和对提出新的可持续发展指标的种种努力，虽然人们对这些指标还存在许多不同意见，但是，它们仍然是绿色 GDP 核算的重要组成部分和不可或缺的过程。

（9）绿色 GDP 核算。绿色 GDP 核算是 1993 年联合国经济和社会事务部统计处在修订《国民经济核算体系》，即 SNA 体系中，根据社会经济可持续发展的理论，提出来的新的统计核算概念。目前，理论界对这一概念的认识和理解主要有以下几种观点：

联合国（1993）提出的新概念，绿色 GDP 是指衡量各国扣除了自然资产（包括资源环境）损失之后的新创造真实国民财富的总量核算指标，用公式表述为：

绿色 GDP = GDP –（自然资源耗减价值 + 环境污染所造成损失的价值）

世界银行（1995）认为，绿色 GDP 是一种新的国民财富或收入的估算，与现行 GDP 核算体系相比，它最大的区别是将自然资本和人力资源作为财富的重要组成部分①。

雷明（1998）②认为，绿色 GDP 指标类似于联合国的 EDP（生态国内产值），

① 按世界银行的估算，在绿色 GDP 国民经济核算体系下，人力资源是各国真实国民财富最重要的组成部分，占国民财富总量的 40%～80%，生产性资产是第二要素，占总财富比重的 15%～30%，自然资本是第三位要素，占总财富的 20%～40%。

② 雷明：《绿色国内生产总值（GDP）核算》，《自然资源学报》，1998 年第 10 期。

所不同的是绿色 GDP 是一个总量指标，而 EDP 是一净值指标。中国科学院可持续发展研究组（2000）提出，绿色 GDP = 传统 GDP − 自然部分的虚数 − 人文部分的虚数。牛文元（2002）①指出，力图从传统意义上的 GDP 中扣除不属于真正财富积累的虚数部分，从而再现一个真实的、可行的、科学的指标，即“真实 GDP”，也就是我们所说的“绿色 GDP”。白剑峰（2003）②形象化地指出，所谓“绿色 GDP”，其实是相对“黑色 GDP”而言的。同样的 GDP，所包含的内核却大不同。“绿色 GDP”的内核是人与自然的和谐，是健康的经济增长；“黑色 GDP”的内核则是人类对大自然的疯狂掠夺，是不健康的经济增长。潘岳（2004）③认为，绿色 GDP 是指绿色国内生产总值，它是对 GDP 指标的一种调整，是扣除经济活动中投入的环境成本后的国内生产总值。杨缅昆（2004）④指出，目前理论界讨论的绿色 GDP，又称为生态国内产值（EDP），是一种狭义的绿色 GDP 指标概念。他根据庇古对社会福利的分类，主张拓展传统绿色 GDP 指标概念的内涵与外延，使之成为一个能够涵盖全部社会福利的广义绿色 GDP 指标，即国民福利总值（Gross National Welfare，GNW）。高敏雪（2004）⑤指出，通过环境经济核算估算所谓绿色 GDP，就是要将经济生产对资源环境的利用予以价值核算，将该环境成本从 GDP 中予以扣除，因此，绿色 GDP 核算的关键就是环境成本的估算。从不同方面计量不同的环境成本，结果是形成不同口径的绿色 GDP。

上述对绿色 GDP 的认识虽然由于视角不同，各有差异，但其基本实质是一致的，即绿色 GDP 主要是在 GDP 的基础上充分考虑了两点：一是对自然资源的消耗进行提取折旧，二是扣除环境损失引起的“虚数”。事实上，国外学者较少直接使用“绿色 GDP”（Green GDP）一词，而主要使用“绿色核算”（Green accounting）、“绿色国民核算”（Green system of national accounts）、“环境核算”（Environmental accounting）等词，这表明它的实质是对资源环境问题的重视，使 GDP 更“绿”。实际上，绿色 GDP 有两种基本的含义，一种含义是指一个总量指标，这与 GDP 并无本质区别，只是核算的内容与方法有所不同。另一种含义是指一种核算体系，所有基于 GDP 而考虑资源环境成本的核算都可以称为绿色 GDP 核算，在这个意义上，前面介绍的可持续发展指标都可以看做是绿色 GDP 核算指标。

---

① 牛文元：《“绿色 GDP”与中国环境会计制度》，《会计研究》，2002 年第 1 期。

② 白剑峰：《“绿色 GDP”与“黑色 GDP”》，《人民日报》，2003 年 11 月 17 日。

③ 潘岳：《绿色 GDP 的实施与难点》，《宏观经济研究》，2004 年第 7 期。

④ 杨缅昆：《绿色 GDP 核算理论问题初探》，《统计研究》，2004 年第 2 期。

⑤ 高敏雪：《绿色 GDP 的认识误区及其辨析》，《中国人民大学学报》，2004 年第 3 期。

6.1.3　中国绿色国民经济核算实践

6.1.3.1　我国的绿色国民经济核算进展

目前，有些国家已开始试行绿色 GDP，但迄今为止，全世界还没有一套公认的绿色 GDP 核算模式，也没有一个国家以政府的名义发布绿色 GDP 结果。在我国，随着可持续发展思想的形成和实施，党的十六届三中全会提出了科学发展观，并将其表述为："坚持以人为本，树立全面、协调、可持续的发展观，促进经济社会和人的全面发展。"这就把科学发展观规定为 3 个部分构成：①强调"以人为本"，这是科学发展观的指导原则；②强调"全面、协调、可持续"，这是科学发展观的基本内容；③规定了发展的目标与目的，就是经济社会和人的全面发展，三者有机统一构成完整的科学发展（刘思华，2004）。落实科学发展观的重要体现就是实行绿色 GDP 核算，并将绿色 GDP 指标与官员政绩考核结合起来。

我国的绿色 GDP 研究，从政治层面上来说，经历了 4 个大的阶段（牛文元，2002）。第一阶段，我国国民经济核算体系制度基本属于 MPS，即实行的是物质产品平衡表体系，这一体制是与高度集中统一的计划经济体制相适应的；第二阶段，我国国民经济核算体系制度的转型阶段，两种核算制度 MPS 与 SNA 并存；第三阶段，1992 年我国正式启用 SNA 核算体系，该 SNA 国民经济核算体系在实质内容上，与当时国际上大多数国家的核算制度基本相同，与国际统计口径相接轨；第四阶段，SNA 国民经济核算体系的改革和向联合国新的国民核算体系与 SEEA 体系过渡。目前研究领域与研究方向主要集中在以下几个方面：①自然资源环境与国民经济体系的相互关系；②将自然资源环境核算纳入国民资产负债核算的方式及核算途径；③将资源环境因素纳入生产账户的生产方式方法及核算途径；④关于中国综合经济与环境核算体系的核算模式、核算理论，原则及方法。

在宏观方面，从 2003 年开始，我国国家统计局对全国自然资源进行了实物核算。物流核算是绿色 GDP 核算的重要基础。2004 年年初，国家统计局和国家环保总局已成立了绿色 GDP 联合课题小组，正在组织力量积极进行研究和试验。2004 年 6 月底，国家环境保护总局和国家统计局举行了建立中国绿色国民经济核算体系国际研讨会，把绿色 GDP 研究工作推向了一个阶段性高潮。绿色 GDP 核算体系框架就是在这些工作基础上产生的。前不久，国家环保总局副局长潘岳透露，经过几个月的艰苦努力，中国绿色 GDP 核算体系框架已初步建立。这次会议论证了《中国资源环境经济核算体系框架》和《基于环境的绿色国民经济核算体系框架》。

在实践层面，广东、四川、苏州、南阳等省市先后确定推行"绿色 GDP"制度，并将其纳入官员政绩考核体系中。苏州于 2004 年初提出追求 GDP 不能牺牲资源，今后将取消古镇经济考核，只考核环境保护和旅游指标。四川省也将绿色 GDP 核算作为课题进行研究，并认为将绿色 GDP 纳入统计体系和干部考核体系，可以改变过去只重经济指标，而忽略环境效益的政府业绩评价方法，对政府官员的考核将更为科学和全面。除四川外，重庆、北京等地也在研究绿色 GDP 制度，国家统计局和国家环境保护总局将联合对绿色 GDP 核算中的难题进行攻关。广东也提出改用“绿色 GDP”考核干部政绩，对严重依赖不可再生自然资源的地区，必须把消耗的自然资源计入成本；对于严重污染环境或对生态系统造成损害的行业，必须把对环境造成的损害也计入成本，同时还要扣除疾病和公共卫生条件低下所导致的支出等所造成的损失。

6.1.3.2 解读我国第一份《绿色国民经济核算研究报告》

2006 年 9 月 7 日，我国第一份绿色 GDP 核算报告《中国绿色国民经济核算研究报告 2004》终于在人们期盼中问世了。这是中国第一份经环境污染调整的 GDP 核算研究报告，标志着中国的绿色国民经济核算研究取得了阶段性成果。研究结果表明，2004 年全国因环境污染造成的经济损失为 5 118 亿元，占当年 GDP 的 3.05%。虚拟治理成本为 2 874 亿元，占当年 GDP 的 1.80%。

2004 年因环境污染造成的经济损失为 5 118 亿元，占 GDP 的 3.05%。其中，水污染的环境成本为 2 862.8 亿元，占总成本的 55.9%；大气污染的环境成本为 2 198.0 亿元，占总成本的 42.9%；固体废物和污染事故造成的经济损失 57.4 亿元，占总成本的 1.2%。

如果在现有的治理技术水平下全部处理 2004 年点源排放到环境中的污染物，需要一次性直接投资约为 10 800 亿元，占当年 GDP 的 6.8%左右。同时每年还需另外花费治理运行成本 2 874 亿元（虚拟治理成本），占当年 GDP 的 1.80%。而我国“十五”期间环境污染投资仅占 GDP 的 1.18%，差距很大。

6.1.3.3 重庆市绿色 GDP 核算实践

2001 年，重庆被确定为资源环境核算唯一的试点城市，课题被列为国家统计局方法制度改革 3 年滚动计划里唯一的地方项目。绿色 GDP 核算包括：水资源、土地资源、森林资源、矿产资源、海洋资源以及环境等内容。重庆选择了水资源和工业环境作为绿色 GDP 核算的研究方向。其主要有两个原因：①重庆是长江上游的经济中心，三峡库区有 78.9%的区县在重庆境内。因此，水资源与经济的综合核算对重庆有特别重要的意义。②重庆市作为老工业基地，工业是国民经济发展中的支柱产业，工业污染的问题较为突出。

绿色 GDP 核算方法主要有两种：①是按环境损失计算；②是按治理成本计

算。重庆市采用的是第二种方法：在现行 GDP 中扣除工业污染治理成本的绿色 GDP。

绿色 GDP 工业污染 = 当年的 GDP – 当年治理工业污染付出的成本

核算的基本思路：以工业污染的实物量核算为基础，通过对工业“三废”治理成本的确定，核算出工业污染引起的环境降级成本，再对 GDP 进行调整见图 6-1。

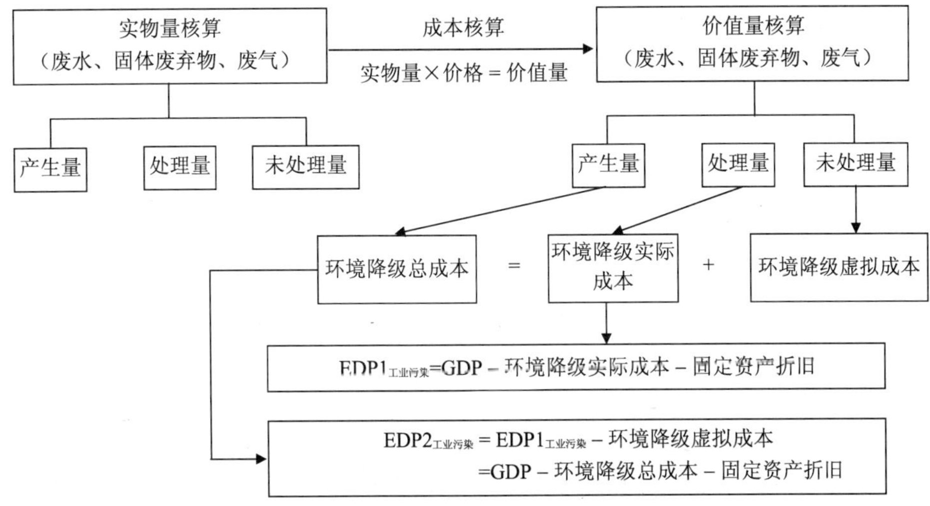

图 6-1　重庆市绿色 GDP 核算思路

核算结果如下：

（1）2002 年重庆市 EDP2 工业污染为 1 655.74 亿元，占 GDP 的比重为 84.0%，比 1997 年降低了 1.9 个百分点。

（2）工业污染带来的环境降级总成本逐年增大，2002 年比 1997 年增加了 8.3 亿元；但占 GDP 比重呈下降趋势，2002 年比 1997 年下降了 1.2 个百分点。

（3）渝西经济走廊在经济发展中付出了沉重的环境代价，2002 年环境降级总成本占 GDP 的比重高于全市平均水平 1 个百分点。

（4）造纸及纸制品业降级总成本占 GDP 比重最高，2002 年已高于该行业增加值，达到 102.8%。

（5）电力煤气及水生产供应业的环境降级总成本最高，占全市环境降级总成本的 43.5%，而增加值占全市工业增加值的比重为 11.1%，降级总成本的比重高于增加值比重 32.4 个百分点。

（6）重庆三大经济圈环境降级成本见图 5-2。

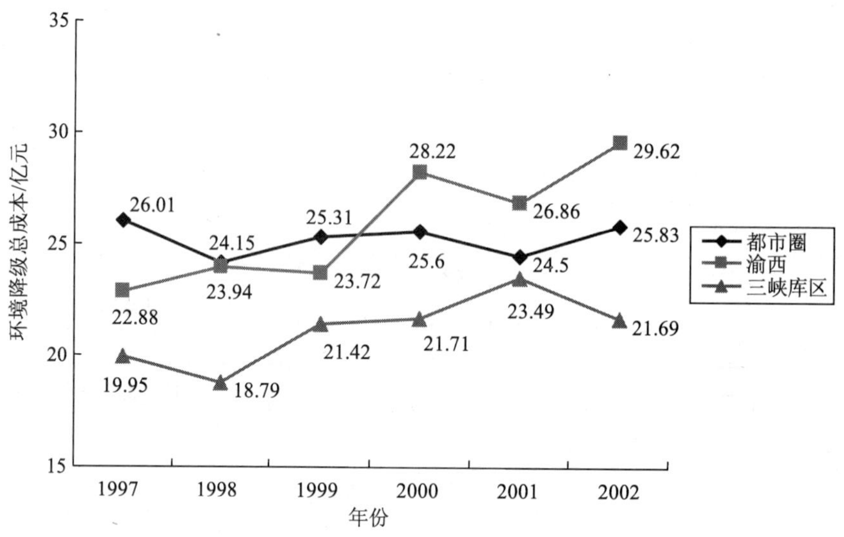

图 6-2　重庆市三大经济圈环境降级总成本

6.1.3.4　实施绿色 GDP 的难点

目前，有些国家已经开始试行绿色 GDP，但迄今为止，也没有一个国家以政府的名义发布绿色 GDP 结果。由此可见，在实施绿色 GDP 过程中还存在很多问题亟待解决。

（1）技术难点。许宪春指出①："绿色 GDP 是一个科学的可持续发展概念，但是，绿色 GDP 核算却不是一件容易的事。目前，世界上还没有一个国家就全部资源耗减成本和环境损失代价计算出完整的绿色 GDP。其中很重要的原因就是很多资源耗减成本和环境损失代价很难估价。"绿色 GDP 核算中最重要的技术难点是资源环境的量化估价问题。GDP 通常是以市场交易为前提的，产品和服务一旦进入市场，其价值就由市场供求关系来决定，它传达出来的是以货币为手段的市场价格信号。一个产品值多少钱，得在市场销售中才能确认。这就是说，市场供求规律所决定的自由市场价格，是 GDP 权威性的唯一来源。但对于资源环境（特别是环境退化和生态系统破坏），一方面目前还没有相应的市场，另一方面其价格难以确定和量化。潘岳（2004）举例分析说，砍伐一片森林，卖掉原木，原木的销售价，即可表现出价格，可以纳入 GDP 统计中。但因为砍伐森林而导致依赖森林

① 许宪春：《绿色 GDP 被神化了？》，《市场报》，2004 年 5 月 18 日。

生存的许多哺乳动物、鸟类或微生物的灭绝，这个损失又有多大？再者，因为森林砍伐而造成的大面积水土流失，这个账又该怎样核算？这些野生动物与流失的水土并没有市场价格。

（2）观念难点①。绿色 GDP 意味着观念的深刻转变，意味着全新的发展观与政绩观。GDP 是单纯的经济增长观念，它只反映出国民经济收入总量，它不统计环境污染，不统计生态破坏，不反映经济增长的可持续性。绿色 GDP 则力求将经济增长与环境保护统一起来，综合性地反映国民的经济活动的成果与代价，包括生活环境的变化。绿色 GDP 建立在以人为本的可持续发展的观念之上。一旦实施绿色 GDP，人们心中的发展内涵与衡量标准就变了，扣除了环境损失成本，当然会使一些地区的经济增长数据大大下降。一旦实施绿色 GDP，必将带来干部考核体系的重大变革。过去各地区干部的政绩观，皆以单纯的 GDP 增长作为业绩衡量标准，现在要将经济增长与社会发展、环境保护放在一起综合考评，这会使部分干部想不通，会因此形成诸多阻力②。

6.1.4 围绕绿色国民经济核算的讨论

6.1.4.1 承认绿色 GDP 的进步

绿色 GDP 的积极意义是显而易见的：①虽然经济学家们认为 GDP 不应与福利指标等同，但实际上人们常用 GDP 衡量生活水平，绿色 GDP 虽然还有许多不足，但它总算使 GDP 更加地向财富和福利靠拢了，虽然这个靠拢的意义和作用都有待讨论。②它重新审视了自然资源环境的价值，使人们更加注意对资源环境的节约使用和保护。绿色 GDP 核算中的“绿色”就充分表明了它主要是基于资源退化和环境成本进行的，各种围绕 GDP 调整的指标也无一例外是以考虑资源退化和环境成本为核心的。因此，在理论上，它重新唤醒了经济学家对自然资源的重视，虽然这种研究还有待进一步深入。在实践中，它的出现使人们更好地注意节约资源和保护环境。③它从根本上触动了人们发展的理念，即发展不等于增长。GDP 主要是考察劳动和资本的贡献，衡量经过市场交易的产品和服务，而对如何生产和为谁生产基本不考虑。绿色 GDP 的提出则是对这一理念的反思结果，因此，它对我们树立和落实可持续发展观有极大的推动作用。

王金南③认为，从 10 个省市的试点情况看，推进绿色 GDP 至少有 3 个方面的

---

① 潘岳：《绿色 GDP 的实施难点》，《宏观经济研究》，2004 年第 7 期。

② 典型的例子是由于一些地方政府的阻挠，国家 2005 年绿色 GDP 数据没有如期发布，而是被无限期推迟。参见：《2005 绿色 GDP 数据遇发布阻力 被无限期推迟》。http://cn.news.yahoo.com/07-07-/1055/2 ie4 w.html。

③《2005 绿色 GDP 数据遇发布阻力 被无限期推迟》，《中国青年报》，2007 年 7 月 23 日。

意义：①搞清污染实物量和环境污染损失成本，了解经济增长的环境代价，为污染减排决策提供依据；②帮助政府了解哪些部门、哪些地区是资源消耗的“高强度区”和环境污染、生态破坏“重灾区”，有利于对症下药；③绿色 GDP 核算的过程和结果，将为环境税收、生态补偿、干部政绩考核制度等政策的制定提供依据。

6.1.4.2 绿色 GDP 只是部分修正了 GDP 的缺陷

中国国家统计局国民经济核算司司长许宪春（2004）博士指出，不要夸大和神化绿色 GDP。他举出了两个理由：①从可持续发展的内在联系来看，绿色 GDP 只反映了经济与环境之间的部分影响，没有反映经济与社会、环境与社会之间的相互影响，它只是可持续发展指标之一；②从技术上看，目前世界上还没有一个就所有资源消耗成本、所有资源损失进行估算的数据，绿色 GDP 核算有一定难度。

笔者认为，这一提醒是完全正确的。从前述分析中，我们发现，关于 GDP 的“罪状”是多方面的，有社会方面的、有环境方面的，也有经济方面的。从当前绿色 GDP 的核算内容来看，绿色 GDP 只是部分地修正了 GDP 的缺陷，确切地说是主要考虑了资源退化和环境成本，而对于社会公平，非市场交易、生产内容等社会和经济方面的问题并没有涉及。因此，绿色 GDP 还没有解决 GDP 的所有缺陷，它的作用自然也不应被过分夸大。

6.1.4.3 即使是针对资源环境方面的修正，也存在不同意见[①]

绿色 GDP 的最重要的贡献应该是它在现行 GDP 核算体系中考虑了资源退化和环境成本问题，但最近有学者指出，即使是针对资源环境方面的修正也是站不住脚的。因为 GDP 的实际内容是劳动和资本的耗费，它不直接反映自然的经济贡献，也不反映不可再生资源的耗竭。绿色 GDP 是不必要的，因为自然的贡献，或经济活动的自然资源消耗或环境污染影响已经通过劳动和资本反映出来了，而 GDP 正是劳动和资本的体现，因此，无须再在 GDP 上进行调整了。

（1）将环境损失从 GDP 中扣除没有必要。依绿色 GDP 的主张，产生于环境污染的投资和消费称为“预防性支出”，应该从 GDP 中扣除。但我们“没有任何理由把环境的预防性支出与其他形式的预防性支出区别对待，如军队、卫生防疫、治安防范等支出。”而且，如果扣除这种“预防性支出”将会大大减少实际 GDP 数量。作者进一步指出，更为深层次的问题在于，绿色 GDP 与 GDP 在核算理念

---

① 虽然目前对绿色 GDP 还有争论，但一般来讲，对绿色 GDP 考虑了“资源折旧”和扣除“环境损失”这两个重要方面没有异议，但也有学者对这两方面都给予了批判，详细内容可参见余瑞祥：《自然的经济贡献及其 GDP 显示》，《中国地质大学学报（社会科学版）》，2004 年第 5 期。

方面是根本矛盾的。绿色 GDP 核算实际上主张经济系统的产出中有正号和负号，分收益性的产出和成本性的产出，或有益的产出和有害的产出，等等。而 GDP 的核算理念是：任何产品和服务，只要是法律允许的，都是社会所需要的经济资源，都是社会财富的重要组成部分。这里，实际是提出了一个什么是财富和福利的问题，他提出财富和福利的实质是满足人的需要。而世界银行最初对 GDP 核算体系的调整也是从对财富概念的修正开始的，因此，从这里可以看出，GDP 核算的调整实质是以人类财富和福利为基础的。

（2）像人造资本折旧一样对自然资本进行折旧也是没有必要的。首先人造资本折旧是一个会计概念。而且，对自然资本进行折旧要回答这些费用用到了哪里，是不是用在了寻找接替资源方面，还是其他方面。作者指出，“人类实际上有自然系统和经济系统两个银行，在自然系统这个银行里存有各种形式的自然资本，在经济系统这个银行里存有经济资本，包括人力资本、人造资本和社会资本。自然资本的减少和经济资本的增加是一枚硬币的两面，如果从 GDP 中扣除自然资本的损耗必然会低估人类的资本总量。”这种观点实际上是认为自然资本与人造资本可以相互替代的，自然资源与劳动、资本也可以相互替代的。

6.1.4.4 绿色 GDP 是不是财富或福利指标

绿色 GDP 的产生完全是全球资源环境恶化的结果，它对人们保护资源环境，以实现可持续发展有积极贡献，但绿色 GDP 不应该也无法承担福利的责任。人类的终极目的并非在于生产最多的物质商品，而在于通过消费实现最大的福利（Welfare），可是 GDP 并不代表福利，尽管它含有福利的成分（陶在朴，2003）。魏茨察克等（2001）也指出，“平心而论，GDP 并没有定义成度量财富或福利指标，而只是用来衡量那些易于度量的经济活动的营业额”[①]。因此，企图用一种指标来反映所有福利本身就值得商榷，而这本不是 GDP 的原意。

事实上，GDP 只是一个总量指标，它只反映当期的新增产出（劳动和资本）内容，它从一开始就没有打算做更多的事，衡量社会公平可以交给洛伦兹曲线和基尼系数去做，并且做得很好。只是随着人们需求的改变，给 GDP 赋予了新的要求，这就超过了它的能力。那么，同样，绿色 GDP 也只是在 GDP 的基础上前进了一步，虽然这是一大步，但毕竟也不全面。Lintott（1996）认为，绿色核算假定自然资本和人造资本的完全替代，货币化可能导致低估环境的价值，而且没有反映社会公正、生产效率和生产内容等方面的重要内容。因此，绿色 GDP 并不能代表全部福利，因为绿色 GDP 作为一个指标或核算体系，它最终是要体现为一个

---

① 魏茨察克等：《四倍跃进》，中华工商联合出版社，2001 年，第 359 页。

值的，而生活中的许多福利是无法计量的，即使用一些意愿价值法也难以测量。而且就目前对绿色 GDP 的探讨，还没有涉及社会精神方面的福利问题[①]。

6.1.4.5 希望通过绿色 GDP 指标改变官员政绩观的努力可能是徒劳的

党中央已经对新的发展观作出诠释，官员的政绩观也会随之转变。政府及官员的政绩追求，主要应来源于建设公共型政府的目标和理念，即从过度依赖 GDP、盲目攀比 GDP 的误区中走出，转而把生态环境、公共设施、市场秩序、信用环境、治安环境的建设，作为核心责任和显示官员才能、追求政绩的大舞台。但多数学者认为，绿色 GDP 为主的国民经济核算体系无法过滤政府官员追求政绩的不合理因素。

《中国青年报》报道说，绿色 GDP 核算体系正在国家统计局与国家环境保护总局的联合攻关之中。国家环境保护总局副局长潘岳透露，出台后的绿色 GDP 核算体系将与现行的干部考核体系挂钩。这部分表明，GDP 与政绩挂钩，仍将是今后对官员考核的手段之一。毫无怀疑即将出台的绿色 GDP 核算体系具有更大的科学性和可操作性，在对官员政绩考核时，能“无情”地把那些以高额生态成本为代价的黑色 GDP 因素统统滤掉。然而，这个“过滤器”的作用仍然十分有限，因为它可能无法滤掉政绩追求中全部的非理性成分。

对绿色 GDP 的讨论还有许多方面。在改革国民经济核算体系、关注环境资源因素的同时，还有很多专家学者强调要更多地体现人文精神和人文关怀。如前述的可持续经济福利指标（ISEW），将分配中的不平均指标纳入宏观经济核算指标体系之中，并计算失业率犯罪率等社会成本。联合国开发计划署也于 1990 年提出了人文发展指标（HDI），特别加上了人口平均寿命、文盲比例、学龄儿童就学率等条件。这些指标虽有待进一步完善，但实际上却是突出人的全面发展的指标，是充分考虑人文因素强调人文精神的发展指标，也可以说是人文 GDP。

6.2 完善排污收费和排污权交易制度

排污收费和排污权交易制度是我国生态环境保护中应用较为广泛的两种机制，在我国生态保护和建设中发挥了重要作用。开展生态补偿，特别是对破坏生态环境的行为进行补偿，有必要进一步完善排污收费制度。同时，将排污权交易引入生态领域（如流域生态补偿）也是值得探索的问题。

---

① 当然，杨缅昆提出的广义绿色 GDP 是准备衡量全部福利的，但还难以实现。

6.2.1 排污收费制度

排污收费制度是我国生态环境管理的一项基本制度。排污收费制度实施 20 多年来，对促进企事业单位加强经营管理、节约和综合利用资源、治理污染、控制环境恶化的趋势等发挥了重要的作用。2003 年，国家对排污收费制度进行了改革，但实践中仍存在落实不到位、标准不一致等问题，需要加以完善。

6.2.1.1 中国排污收费制度的形成和发展

（1）排污收费制度的提出。中国提出排污收费制度是在 1978 年。1978 年 9 月 6 日黑龙江省革命委员会颁布“关于松花江水系保护暂行条例”，首先采用了排污收费的形式，加强对水系环境的管理。

（2）排污收费制度的建立。1982—1987 年，是排污收费制度的建立与实施阶段。1982 年 2 月 5 日，国务院批准并发布了“征收排污费暂行办法”，自当年 7 月 1 日起在全国执行。这标志着排污收费制度在中国正式建立。

（3）排污收费制度的发展。1988 年至今是排污收费制度改革、发展阶段。1988 年 9 月 1 日开始实施的“污染源治理专项基金有偿使用暂行办法”，是排污费由拨款改为贷款的重要改革措施。1992 年 9 月 14 日，国家环境保护局、物价局、财政局和国务院经贸办联合发出了“关于开展征收工业燃煤二氧化硫排污费试点工作的通知”，以控制日益严重的酸雨危害。这标志着排污收费实施范围的一次重要扩展。

6.2.1.2 中国排污收费制度的效果和问题

（1）中国排污收费制度的实施效果。排污收费制度在中国已实施近 30 年，而且已成为中国环境政策管理制度和经济刺激手段中最核心的组成部分。全国除台湾省外，30 个省、区、市全部开展了征收排污费工作。到 20 世纪末，在全国 2 773 个县（县级市、旗、市辖区）中，已有 2 524 个开征了排污费，开征面为 91%。现行的排污收费已覆盖废水、废气、废渣、噪声、放射性五大领域和 113 个收费项目。1979—1994 年的 15 年中，排污费累计用于治理污染的资金达 118 亿元，占中国同期工业污染治理资金的 55%；在一些大中城市，这一比例达到 30%～40%。1995 年，排污收费征收户数和征收额分别达到 36.82 万户和 37.13 亿元，收费额占国家财政收入的比例为 0.6%。排污收费在环境保护、筹集环保资金等方面都取得了较好的效果，表 6-1 是我国排污费征收和使用的总体情况。

表 6-1 1991—2000 年排污费的征收和使用情况

年份	排污费收入总额/亿元	废水超标收费		排污费使用情况		其中			
						污染治理补助		环保补助费	
		收入/亿元	%	支出/亿元	%	支出/亿元	%	支出/亿元	%
1991	20.1	10.0	49.8	17.6	87.6	12.0	68.2	5.6	31.8
1992	23.8	11.8	49.6	21.4	89.9	14.0	65.4	7.4	34.6
1993	26.8	12.3	45.9	24.5	91.4	15.1	61.6	9.4	38.4
1994	31.0	13.2	42.6	26.7	86.1	16.2	6 0.7	10.5	39.3
1995	37.1	15.0	40.4	31.9	86.0	17.7	55.5	14.2	44.5
1996	41.0	15.5	37.8	39.6	96.6	23.2	58.6	16.4	41.4
1997	45.4	16.4	36.1	45.8	100.9	26.6	58.1	19.2	41.9
1998	49.1	16.4	33.4	49.67	101.1	27.3	54.9	22.4	45.1
1999	55.5	16.7	30.1	54.6	98.4	27.8	50.9	26.9	49.1
2000	57.96	17.2	29.71	62.78	108.32	37.12	59.13	25.66	40.9
合计	387.76	144.5	37.27	374.58	98.90	217.02	57.94	157.56	42.1

（2）排污收费中存在的问题。

- 排污收费标准存在的问题：中国排污收费标准中的问题主要是收费标准偏低和收费项目不全的问题。我国现行的排污收费标准仅为企业污染治理设施运转成本的 50%，某些项目的收费还达不到污染治理成本的 10%。这就造成了企业污染治理率低下和污染治理设施不能正常运转的局面，企业宁愿交纳排污费来购买排污权。另外，我国排污收费项目不全。目前，排污收费的对象主要是大中型企业和一部分事业单位，而对由乡镇企业产生的量大面广的无组织排放等难以监测的污染源，二氧化硫排放产生的酸雨污染，居民生活垃圾和污水绝对量的逐年增大而带来的环境污染问题等，都还没有进行收费。
- 排污收费政策存在的问题：我国排污收费主要是浓度收费和单因子收费，现行的收费依据是对排污单位中的污染物收费最高的一种进行收费，这就造成了企业利用各种手段来降低污染物浓度以达到少缴纳排污费的目的（如采用稀释等手段），而排放的其他污染物则逃避了收费。
- 排污费的使用和管理模式存在的问题：我国目前排污费的使用，大多数地区仍是将企业缴纳的排污费的 80%补助给企业或行业主管部门用于污染治理。采取这一政策，对我国污染源的资金筹集起过较大的作用，但随着市场机制的建立，这种政策已不适应需要。它的主要弊病在于分散了资金，不利于集中财力解决本地区的主要污染源。同时，排污收费存在“非法”使用，即排污费资金被有关政府部门大量积压、挤占和挪用。此外，我国排污费管理模式不规范，各省市、各地区根据自己的利益确定相应的管理模式，这就造成了排污费资金管理的混乱。同时，有关法律、法规和政策对排污收费保全体系涉及甚少，致使环保部门收缴排污费困难或不能及时收缴排污费用于污染治理。实践中，在一些地方出现了所谓的协议收费，因为一些污染严重的企业往往是地方财政收入的主要来源，地方政府在经济利益的驱动下往往执法不严，企业违法排污的现象比较突出。“万能的排污费”[①]很形象地展示了我国排污收费实践中的某些问题。

（3）中国排污收费制度的改革。对中国排污收费制度的改革建议集中在以下几方面：①对排污收费标准的改革。改革现行排污收费标准只有企业污染治理成本的 50%或更少的现象，使排污收费略高于治理费。同时收费标准应逐年提高，使之与企业发展相适应。②排污收费政策的改革。改革现行的浓度排放和单因子排放存在的问题，实行总量、多因子叠加收费，以避免企业采用稀释办法，通过降低污染物浓度来逃避交费，同时有利于环境容量的总量控制。③排污费使用的改革。鉴于目前我国在排污收费使用中的问题，应建立环境保护基金或环境保护投资公司，将从排污企业征收的排污费纳入贷款基金，变拨款为贷款，变排污费的无偿使用为有偿使用，逐步取消“返回”政策。

根据实际情况的变化，2003 年，国家制定了《排污费征收标准管理办法》，新的排污收费项目包括污水排污费、废气排污费、固体废物及危险废物排污费和噪声超标排污费。新的排污费具有两个明显的改变：①按照污染者排放污染物的种类、数量以及污染当量计征，对每一排放口征收排污费的污染物种类数，按照从多到少的顺序，最多不超过 3 项。②取消原有排污费资金 20%用于环保部门自身建设的规定，全部用于环境污染防治，必须纳入财政预算，列入环境保护专项资金进行管理，用于重点污染源防治、区域性污染防治、污染防治新技术开发和国务院规定的其他污染防治项目。

---

① 2005 年 8 月 23 日，央视焦点访谈以“万能的排污费”为题报道了湖北省南漳县环保局在征收排污费过程中出现的情况。该局财政拨款职工 10 人，但实际员工 87 人，超编 77 人。在排污费征收方面，该局南漳宾馆采取了协议收费的形式，用环保局人员在该宾馆的消费抵消宾馆应缴纳的排污费，双方为此还签署了协议书；该局与县医院达成协议，用医药费抵消；与水泥厂达成协议，用水泥抵消，结果闹出环保局卖水泥，扶贫损赠的故事。在排污费支出方面，2004 年该环保局共收缴 108 万元，按规定只能将其中的 17 万元用于办公用途，但实际上有 81 万用于办公费，几年来没有 1 分钱用在环境污染的治理方面。县财政局有绿色通道，基本认可这种形式。

6.2.2 排污权交易制度

排污权交易又称排污许可证交易，是指环保部门制定排污总量控制指标，并按总量控制指标给排污单位发放许可证，排污许可证可以在排污单位之间进行交易的一种经济手段。排污权交易的思想首先是由戴尔兹（J.H.Dales）于 1968 年在《污染、财富和价格》一书中提出的。污染权交易包括两部分的内容：①实行排污许可证制度，政府管理机构向企业发放排污许可证，企业则根据排污许可证向特定地点排放特定数量的污染物；②排污许可证及其所代表的排放污染物的种类和数量——污染权，是可以转让、进行买卖交易的。

从 1987 年开始，国家环境保护局在 18 个城市进行排污许可证制度的试点。在 1989 年第三次全国环境保护会议上，排污许可证制度作为环境管理的一项新措施被提出来。1990 年，国家环境保护局开始选择试行排放大气污染物许可证制度的城市。1991 年 4 月，试点工作正式开始。1994 年，国家环境保护局宣布排污许可证的试点阶段工作结束，同时开始在所有城市推行排污许可证制度。从试点情况看，排污许可证制度还存在一些问题，主要是新建企业和原有企业扩大生产规模后排污指标如何取得。在实行排污许可证时，主管部门根据环境容量确定一定的允许排污总量，并将允许排污总量分配给该环境区域内的有关企业。随着经济的不断发展，一些新的企业要上马，老企业要扩大生产规模，还有企业要转产，但由于排污指标已分配完毕，这些企业因没有排污指标，也就很难投入生产。这样就会限制经济的发展。排污权交易政策就是为了解决这一问题而产生的。

1990 年代中后期以来，排污权交易逐步成为我国环境管理的一项重要制度，在一些领域和地区已经得到较好应用，特别是水污染物排放和大气二氧化硫排放两个领域取得了成功案例。

（1）水污染物排污权交易。水污染排污权交易不仅是企业解决排污指标短缺的手段，也是进行区域污染物总量控制，解决污染防治投入不足的重要手段。中国的水污染物排污权交易最早出现在 1987 年，始于上海钢铁十厂在闵行区建立联营厂时以 4 万元的价格买下塘湾电镀厂排放 10 t Pd 污水的权利，1987—2002 年上海闵行区已经实施排污权交易 40 笔，累计交易额 1 403 万元。为了解决太湖流域严重的水污染问题，江苏省正在探讨建立太湖流域的水污染物排放交易机制。

（2）二氧化硫排污权交易。二氧化硫排放总量控制与排污权交易机制受到极大重视，我国在 16 个城市排污许可证试点的基础上，1994 年国家环境保护局在包头、开远、柳州、太原、平顶山和贵阳 6 个城市开展试点，实施大气排污交易政策。2001 年国家环境保护总局与美国环境保护基金会合作，实施了“利用市场机制控制二氧化硫排放”的中美合作研究项目，并在江苏南通和辽宁本溪开展试点。2002 年 7 月国家环境保护总局又选择在山东、山西、江苏、河南、天津和广西等省市开展“二氧化硫排放总量控制及排污交易试点”项目。试点地区制定了一系列政策规范，如《江苏省电力行业二氧化硫排污交易管理暂行办法》《太原市二氧化硫排污交易管理办法》。迄今为止已经有 215 万 t 的二氧化硫排污权在中国的 4 省 3 市进行了交易，交易额度超过了 2 000 万元，而和美国市场 3 500 万 t 的交易规模相比，中国的排污交易还处于起步阶段。

6.3　健全生态补偿的法律体系

6.3.1　现行法律法规关于生态补偿的规定

6.3.1.1　现有法律关于生态补偿的规定

在我国的环境资源立法中，“生态补偿”与各种自然资源开发、利用和保护管理收费及使用紧密相连。具有针对性的“以生态环境治理、恢复为目的”的补偿性收费是在地方政策中发展起来的。我国最早开始为生态环境补偿费征收试验工作是云南省（杜群等，2006）。早在 1983 年，针对采矿业对生态环境造成严重影响和破坏，云南省环保局在省政府的领导和支持下，以昆阳磷矿为试点，开展了试点工作，由省财政批准，每吨矿石提高 0.30 元，主要用于采矿区复土植被及其他生态破坏恢复治理，取得了良好的效果。

我国环境与资源立法中有各种不同的规定，以流域生态补偿为例，表 6-2 是我国已颁布的与流域生态补偿相关的法律条文。从这些条文可以看出，国家非常重视生态补偿，各种条文都体现了“谁污染，谁治理”的原则，流域生态补偿的法律基础已初步具备，但在实践中仍然存在一些不足，需要加以完善。

表 6-2　中国已颁布的与流域生态补偿相关的法律条文

有关法律法规	与生态补偿相关的内容
《中华人民共和国宪法》	第九条　国家保障自然资源的合理利用。禁止任何组织或者个人用任何手段侵占或者破坏自然资源
《中华人民共和国民法通则》	第一百二十条　违反国家保护环境防止污染的规定，污染环境造成他人损害的，应当依据承担民事责任。第八十三条……正确处理截水、排水、通行、通风、采光等方面的相邻关系。给相邻方造成妨碍或者损失的，应当停止侵害，排除妨碍，赔偿损失

有关法律法规	与生态补偿相关的内容
《中华人民共和国环境保护法》	第十六条　地方各级人民政府，应当对本辖区的环境质量负责，采取措施改善环境质量。第十九条　开发利用自然资源，必须采取措施保护生态环境。第四十一条　造成环境污染危害的，有责任排除危害，并对直接受到损害的单位或者个人赔偿损失
《中华人民共和国水污染防治法》	第五条……因水污染危害直接受到损失的单位和个人，有权要求致害者排除危害和赔偿损失。第五十五条　造成水污染危害的单位，有责任排除危害，并对直接受到损失的单位或者个人赔偿损失
《中华人民共和国水法》	第三条明确规定，水资源属于国家所有。农业集体经济组织所有的水塘、水库中的水，属于集体所有
《中华人民共和国水法实施细则》	明确规定了水资源有偿利用的基本原则：即取水许可证制度、水资源有偿使用制度和水资源费用于水资源保护等
《排污费征收使用管理条例》	规定了向大气、海洋排放污染物按照排放种类和数量交纳排污费；向水体排放污染物按照排放的数量、种类交纳排污费，超标的加倍缴费
《关于在西部大开发中加强建设项目环境保护管理的若干意见》	第七条规定："在建设项目环境管理中，应加强自然保护区、江河源头区、重要水源涵养区、江河洪水调蓄区、防风固沙区、水土保持的重点预防保护区和重点监督区……、景观资源和历史文化遗产的保护以及资源开发的生态保护监督管理……"
《国务院在关于落实科学发展观加强环境保护的决定》	要完善生态补偿政策，尽快建立生态补偿机制。中央和地方财政转移支付应考虑生态补偿因素，国家和地方可分别开展生态补偿试点

资料来源：国家环保总局国合会生态补偿机制课题组研究报告，2005 年。

6.3.1.2　现有法律法规体系中存在的问题

中国已建立了较完备的资源法和环境保护法体系，许多法规和政策文件中都规定了对生态保护与建设的扶持、补偿的要求及实施办法。但当前的法律法规体系还存在以下问题[①]：

（1）对各利益相关者的权利、义务、责任界定及对补偿内容、方式和标准规定不明确。补偿是多个利益主体（利益相关者）之间的一种权利、义务、责任的重新平衡过程，实施补偿首先要明确各利益主体之间的身份和角色，并明确其相应的权利、义务和责任内容。目前涉及生态保护和生态建设的法律法规，都没有对利益主体做出明确的界定和规定，对其在生态环境方面具体拥有的权利和必须承担的责任仅限于原则性的规定，强制性补偿要求少而自愿补偿要求多，导致各

① 万军、张惠远、王金南等：《中国生态补偿政策评估与框架初探》，《环境科学研究》，2005 年第 18 卷第 2 期，第 2 页。

利益相关者无法根据法律界定自己在生态环境保护方面的责、权、利关系，致使生态环境保护陷入“公地悲剧”的陷阱之中。

（2）立法落后于生态保护和建设的发展，对新的生态问题和生态保护方式缺乏有效的法律支持。生态科学发展日新月异，新的生态问题、管理模式和经营理念也层出不穷，有些很快就成为生态保护与建设的重点内容或发展方向，应该尽快纳入国家管理范畴。而法律法规则由于立法过程旷日持久、考虑问题面面俱到而远远落后于生态问题的出现和生态管理的发展速度。

（3）一些重要法规对生态保护和补偿的规范不到位。《中华人民共和国矿产资源法》规定了“矿产资源开发必须按国家有关规定缴纳资源税和资源补偿费”，并明确要求矿产资源开发应该保护环境、帮助当地人民改善生产生活方式，对废弃矿区进行复垦和恢复，但在财政部和国土资源部联合发布的《矿产资源补偿费使用管理办法》中却没有将矿区复垦和矿区人们生产生活补偿列入矿产资源费的使用项目。《中华人民共和国水法》规定了水资源的有偿使用制度和水资源费的征收制度，各地也制定了相应的水资源费管理条例，但大多没有将水资源保护补偿、水土保持纳入水资源费的使用项目。

（4）法规的刚性规定需要一些因地制宜的柔性政策进行补充。由于中国幅员辽阔，东、中、西部自然条件和社会发展阶段差异巨大，在生态环境保护方面需要制定因地制宜的梯度政策，而法律的基本原则之一就是“法律面前人人平等”，难以实行差别对待，使得全国通行的法律难以保护“弱势地区”的权益。

6.3.2　完善法律法规体系，保障生态补偿实施

如何建立我国真正的生态补偿机制，中国环境与发展国际合作委员会成立的“生态补偿机制与政策研究”课题组认为，需要加快生态补偿的法制建设，急需以法律形式，将补偿范围、对象、方式、补偿标准等的制定和实施确立下来。

综合国内学者提出的相关建议，我国生态环境补偿法律体系的框架应是以《宪法》关于环境资源的规定为基础，由三部分组成：①在《环境保护法》中明确生态环境补偿的规定；②制定有关流域生态环境保护法；③完善符合各个地方特色地方生态环境保护法律法规。上述三部分密切联系，相互补充、协调，但各有所侧重，具有相对的独立性[①]。

6.3.2.1　在《环境保护法》中明确生态环境补偿的规定

由于种种原因，至今我国在《环境保护法》中关于生态环境补偿方面的规定

① 刘佳：《生态环境补偿的法律机制研究》，中央民族大学硕士学位论文，2006 年，第 25-28 页。

还不够具体明确，现有的地方法规和规章也存在着有适用地区范围不宽，征收对象、范围、标准不统一等弊端，且日益暴露出其与新形势下我国及国际生态环境管理要求的不适应性。因此，①我们应对现行的《环境保护法》作必要的修改，增设并完善生态环境补偿制度的相关内容，从整体上对环境和自然资源进行综合管理、保护、开发、利用，对环境进行整体的综合法律调整，强调环境生态功能的保护、恢复和整治；②可以颁布《生态环境补偿实施条例》，使这一制度以国家行政法规的形式确定下来。在条例中可以对生态环境补偿的目的、范围、方针、原则、措施、途径等进行更加详细的规定。

6.3.2.2 制定流域生态环境法

近年来，随着流域污染的加剧，流域上游和流域下游之间的矛盾日趋明显，流域生态补偿成为协调流域上下游之间利益冲突的关键所在。流域生态补偿是指以实现社会公正为目的，在流域内上下游各个地区之间展开的以直接支付生态补偿金为内容的行为。我国一些地区已经开始尝试进行流域生态补偿并取得了一定成效，如浙江省在近几年来积极探索建立生态补偿机制，尝试从各方面，多渠道、多形式地扶持欠发达地区和重要生态功能区加快发展。东阳市与义乌市之间所进行的全国首例水权交易，即是该省积极探索生态补偿的市场化运作机制的结果。在此方面，我们可以借鉴国际上先进的经验。例如，美国田纳西州（Tennessee）流域管理计划，1986 年开始的保护区计划为减少土壤侵蚀对流域周围的耕地和边缘草地的土地拥有者进行补偿。哥斯达黎加水电公司对上游植树造林的资助。哥伦比亚考卡河流域灌溉者协会对调节河流径流的支付等。

在我国，发达地区一般分布在江河下游和沿海地区，落后贫困地区分布在江河源头地区和内陆地区，这就凸显了下游地区对上游地区进行补偿的紧迫性。制定流域生态环境法，在其中对生态环境补偿作出具体的规定，从生态环境整体保护和流域保护的要求出发，对加强上下游地区以及东西部地区在生态环境补偿方面的协同性将起到积极的作用。

6.3.2.3 完善地方生态环境法律法规

目前，全国各地已经建立了符合本地区发展有关生态环境保护的地方性法规、规章及实施条例。地方性生态环境法规便是地方立法机构在不违反《宪法》和法律法规的基础上制定的，用于调整本地区生态保护和自然资源开发、利用、管理的法律规范。其特点是针对性强，地区差异性大，因而立法形式可灵活多样。地方环境立法是国家法律、法规的延伸和补充。它既是各地把环境保护工作纳入法制轨道的主要手段，又是贯彻国家环境保护法律法规，因地制宜地管理本地环保事务的保证措施。现阶段，急需把一些对在实践中行之有效的环境政策及时上升为法律规范，依法加以保障。如中央提出西部生态建设“退耕还林（草），以粮代赈，荒山绿化，个体承包”措施，这一政策被证明非常符合生态建设的规律，完全有必要以法律的形式予以保障，使之稳定化，在法律中具体规定生态建设的目标、任务及具体的补偿规定等措施。

6.4　生态补偿的其他措施

6.4.1　建立科学的政府绩效考核机制

在我国政府官员任命制的背景下，官员的中心工作是向上级领导负责，而不是向老百姓负责。从政绩观角度，工业发展了，GDP 增加了就是官员的政绩，而不管 GDP 是绿色的还是黑色的。这样容易形成为了 GDP 不顾生态环境的短视行为。长期以来，我们在核算经济活动的时候，一般只核算经济增长或经济收入，但一些国家的经验教训表明，在经济发展过程中，很可能出现经济增长，社会财富并没有增长，甚至遭受损失的现象，其表现就是生态环境被破坏了。因此，传统的以 GDP 为中心的政绩观不利于资源节约和环境保护，有必要建立一套包括生态环境保护指标在内的科学的干部政绩考评机制。具体包括：①要建立全面的政绩内容考评机制，从单纯考评经济增长转变为对经济社会环境全面发展进行考评。不仅要求经济发展，而且对区域内的资源环境问题进行测算，评价经济发展的资源环境代价，建立发展与环境综合核算制度。②要从单纯追求眼前发展的政绩转变为谋求可持续发展的政绩。处理好经济建设与资源利用、生态环境保护的关系，在发展经济的同时，充分考虑资源环境的承载力。

6.4.2　发展生态服务价值评估技术

生态服务价值评估既是生态补偿的关键问题，也是难点问题。目前还没有公认的评估方法来评价生态服务的各种价值，因而也影响了生态补偿过程中标准的制定，因此，有必要进一步发展各种可操作性的生态服务价值评估技术。

建立生态保护价值增值的评估机制和评估机构。生态保护价值增值的评估，可以反映生态补偿的效果。可以先对某地、某一时点的生态资源存量进行全面的多方位的评估，并作为该地区的生态资产和社会权益同时记入生态资产和生态权益账户。再对补偿实施一定时期后的资源状况进行估价，确认其现实的存量价值，并记入该地区现在拥有的生态资产和生态权益。通过比较来反映生态价值增值，可以作为决定后继补偿量与补偿方式的参考。

加强研究和开发适用于生态资源价值的货币化评估技术，建立评估机制和评估机构，培训评估人员，使评估尽快掌握生态资源数量化技术，为生态补偿顺利开展奠定坚实的基础。

6.4.3 制定生态补偿监管机制

生态补偿机制和相关监管机制是一个问题的两个方面，二者相辅相成，缺一不可。监管机制就是对生态补偿的实施过程进行监督管理，如对国家生态补偿财政资金的使用进行监督，对征收的排污费进行管理等。

生态补偿机制直接触及重新调整许多方面的环境和经济利益关系的重大问题，影响广泛而深刻。可以在国务院下设立由相关部委组成的国家生态补偿委员会，负责生态补偿工作的协调、监督、仲裁、惩罚与奖励等相关事务。有需求的地方，可以参照国家的体制设置格局，建立地方生态补偿管理体制。

6.4.4 开展生态功能区划研究

在全面建立生态补偿机制的过程中，为什么要补和谁补偿谁始终是两个基本问题。中国科学院的专家们最近认为，进行全国生态功能区划和经济发展区划是准确解决上述问题的最好方法。生态功能区是通过系统分析生态系统空间分布特征，明确区域主要生态问题、生态系统服务功能重要性与生态敏感型空间分异规律，制定出来的区域生态功能分区方案。生态功能分区是确定“优化开发”、“重点开发”、“限制开发”和“禁止开发”四类主体功能区的基础，四类主体功能区是对生态功能区的经济发展定位。

所以，生态功能分区清晰定位了接受或支付生态补偿的区域和人群，提供了补偿的生态环境保护的要求；在生态功能分区基础上的经济主体功能分区则明确了这些区域为什么被补偿或支付补偿的经济发展原因。

第 7 章

怒江生态服务价值补偿

随着可持续发展思想的逐渐深入和我国生态环境问题的日益突出，一些生态环境领域的纠纷也逐渐增多。2003 年以来，关于是否应该对怒江进行 13 级水电站开发引起了全国性的争议[①]。笔者认为，怒江水电开发争议问题，其实质是生态保护与经济发展的矛盾问题。怒江人民有权开发利用自身的生态环境资源，还是全国人民享有良好生态的权利？在两者相矛盾的时候，应该采取哪一种。从以往的经验看，解决这类纠纷主要是通过行政命令，或通过专家对开发的成本与收益进行比较，但传统的成本收益分析较少将生态环境作为一个成本因素纳入其中，主要原因有，一是生态环境成本计量较难，二是对生态环境的关注不够。因此，需要探索新的生态补偿机制，来解决怒江自然保护区的开发保护问题。

7.1　怒江流域生态现状

7.1.1　怒江流域经济与生态现状[②]

怒江地处横断山脉峡谷，由于印度板块和欧亚板块的撞击，在缝合线上形成南北并列的山脉和峡谷，在纵向形成了生物南来北往的通道。横断山是热带边缘和亚热带的基地上出现的高山，在垂向形成了比较完整的垂直气候带，这对于动

① 实际上，2003 年以来，国内关于大坝开发的争论案例不断出现，怒江 13 级水坝开发、都江堰“保卫战”和三门峡水库利弊之争等先后引起人们的广泛关注。大坝争论的焦点集中表现为建坝与保护生态环境的矛盾，实质是经济发展与环境保护的矛盾，它反映出的问题是多方面的，其中一个重要问题就是如何建立生态补偿机制。

② 董哲仁：《怒江水电开发的生态影响》，《生态学报》，2006 年第 5 期。

植物的生长非常有利。正因为如此，横断山成为我国三大生物物种聚集中心之一。横断山地区位居我国 17 个生物多样性保护关键区之首，在我国生物多样性保护中具有重要的价值。怒江流域的高等植物占全国的20%以上，包括 200 余科、1 200 余属、6 000 余种。峡谷区内的珍稀植物资源丰富，属国家级保护的有彬椤、秃杉、贡山厚朴、长蕊木兰、红花木莲、水青树、董棕等 20 余种，省级保护的有 30 多种。怒江流域珍稀的野生稻是我国重要而珍贵的基因库。流域陆生动物较多，有兽类 154 种，鸟类 419 种，两栖类 21 种，爬行类 56 种，昆虫 1 690 种，其中有亚洲象、羚羊、雪豹、白眉长猿猴等多种濒危珍稀动物。怒江现有 7 类 48 种鱼，其中 17 种为怒江所特有，角鱼、缺须盆辰鱼、裸腹叶须鱼及长须黑鱼 4 种鱼类被列入《中国濒危动物红皮书》。怒江流域内有著名的世界自然遗产——“三江并流”，高黎贡山和南滚河两个国家级自然保护区，以及怒江、小黑山和永德大雪山 3 个省级自然保护区。著名的怒江大峡谷、怒江第一湾、石月亮等独特的自然景观，更是显现了自然造化之神奇，具有极高的美学价值。总之，怒江丰富生物资源的原始性、自然性和唯一性使其成为我国生物多样性和天然基因宝库，具有重要的科学价值、经济价值、环境价值和美学价值，保护该区域的生物多样性和遗传基因具有极其重要的意义。

怒江流域地处我国云南和西藏少数民族地区，在流域内涉及的 11 个自治州（区）内，居住着藏族、独龙族、怒族、佤族、傈僳族、彝族、傣族等众多少数民族。其中怒江傈僳族自治州，就居住着 22 个民族，少数民族人口占总人口比重达 92.12%。在高山峡谷生活的各个民族，在特殊的自然、地理、文化背景下，形成了独特的传统文化和习俗。由于流域地处偏远，交通闭塞，科技、教育、文化发展相对落后，制约了经济发展，许多地方至今还保留着原始的生产生活方式。地区经济发展明显滞后，增长速度一直低于全国平均水平。例如地处中游峡谷区的怒江州 50 万人口，所辖 4 县均为国家扶贫开发重点扶持县，农民人均年纯收入仅 970 元。

从怒江流域生态现状看，生态系统面临着严重退化的威胁。1950 年代怒江州的森林覆盖率达 53%，经过“大跃进”和“文革”时代的砍伐破坏以及近年来毁林开荒，目前怒江两岸高程 1 500 m 以下的原始森林已荡然无存，1 500～2 000 m 之间的植被也破坏严重。根据 1999 年详查，仅怒江傈僳族自治州的水土流失面积就达 3 933 km^2，占该州国土面积的 26.75%。

怒江流域生态受到破坏的根本原因是当地的土地资源极度匮乏。中游地区 76%的面积都是 25°以上的坡地，水土流失严重、土地贫瘠、耕种困难。人口不断增加，国家生态保护补偿政策不到位，使低水平的生产活动仍然对生态系统造成破坏。另外，流域内大量的泥石流和山体滑坡，也严重威胁着群众的生命安全。

7.1.2　怒江水电开发之争

2003 年 8 月 14 日，由云南省怒江州完成的《怒江中下游流域水电规划报告》通过国家发展和改革委员会主持评审。该报告规划以松塔和马吉为龙头水库，丙中洛、鹿马登、福贡、碧江、亚碧罗、泸水、六库、石头寨、赛格、岩桑树和光坡等梯级组成的两库 13 级开发方案，全梯级总装机容量可达 2 132 万 kW，年发电量 1 029.6 亿 kW·h。这意味着从源头到流出中国尚无一处工程的“处女江”怒江，也被列入开发规划当中。一石激起千层浪，怒江的命运引起人们的广泛关注。

从 2003 年 8 月国家发展和改革委员会召开《规划》审查会以来，国家环境保护总局和云南环保局先后组织了 4 次专家座谈会。座谈会上，北京和云南的专家各执一词，针锋相对。2003 年 9 月 9 日，在国家环保总局主持召开的第一次专家座谈会上，除国家发展改革和委员会和水利电力系统的代表认为“怒江建坝是有效扶贫”、“怒江建坝与世界自然遗产不矛盾”之外，来自生态、农林、地质等领域的 30 余位专家一致对怒江开发持反对意见。随后，云南省环保局分别于 2003 年 9 月 29 日、10 月 10 日召开了两次研讨会，支持怒江水电开发。2003 年 10 月 20—21 日，在昆明召开的第四次专家座谈会上，两派专家正面交锋，展开激辩，没有达成一致意见。2004 年 2 月，温家宝总理作出批示：“对这类引起社会高度关注，且有环保方面不同意见的大型水电工程应慎重研究，科学决策”。退回了有关部门上报的“怒江十三级水电开发规划”。至此，引起社会广泛关注的怒江水坝论争，终于以国家领导人的决断告一段落。

7.2　怒江开发的成本与收益

怒江开发争论的一个焦点问题是怒江开发的成本问题，即生态环境成本。由于不同的立场的人对于怒江开发的生态成本认识不一致，因而，其得出的结论也不同。

7.2.1　大坝开发的成本与收益

7.2.1.1　大坝带来的生态环境问题

1936 年，世界上第一座大坝胡佛大坝在美国科罗拉多河布莱克峡谷建成。1960 年，世界第一长河尼罗河上耸立起埃及的象征——阿斯旺大坝。2003 年，世界第三长河长江上建成了世界最大水电站——三峡水电站，对改善上游航运，调蓄流域洪水起到了巨大作用，每年 875 亿 kW·h 的发电量也给华东地区提供了源源不断的能源保障。到目前为止，全世界范围内修建的各类水坝已达 80 多万座，主要用于供水、防洪、水力发电、灌溉、航运以及蓄水。这些大坝为各国的经济发展作出了巨大贡献，但从 1980 年代以来，随着可持续发展思想的产生和发展，人们越来越重视生态环境问题，因此，也对大坝的生态环境影响更加关注。要正确处理大坝与可持续发展的问题，首先要客观地认识大坝所带来的生态环境问题。国际国内大量的研究表明，大坝的负面影响首先表现在环境方面，包括对河流形态造成的影响，对水质造成的影响，对水文造成的影响，对生物、植物造成的影响，等等（表 7-1）。

表 7-1　大坝对环境的主要影响

种　类	主　要　影　响
整体评价	大坝可以被看做是一项巨大而长期的、基本上不可逆转的、没有任何参照系标准的环境实验。它对环境的影响主要有两类，一类是大坝施工所固有的，另一类是由于每一个大坝的特殊动作模式所造成的
给后代人环境造成影响	淹没森林、沼泽地、野生动植物、漂亮壮观的河流风景等
对河流形态的影响	由于大坝和水库存留了流水中的沉积物，从而使下游河道变深变窄，使得有沙洲、河滩和多重河道交织在一起的蜿蜒河流变成了只有相对笔直的单一河道的河流
对水质造成的影响	流水在静止时所经历的化学、热力和物理变化会严重污染一个水库及下游的河流。在主坝后面储存了多个月甚至几年的水，对于水库和大坝以下几十千米的河流里的生物来说是致命的
对迁徙的鱼的影响	人们除了了解大坝对鲑鱼和其他少数几种鱼造成的影响外，大坝对迁徙鱼造成的影响基本上还不知道。过去，由于修建大坝，已经有许多鱼的数量减少或消失
对水文的影响	所有储水的大坝都在一定程度上改变了河流季节变化模式，从而对水文造成严重影响

资料来源：麦卡利：《大坝经济学》，中国发展出版社，2001 年，第 35-60 页。

除了对环境造成负面影响之外，大坝还对人类造成了重要影响：使土著居民失去土地、破坏他们的文化习惯、使他们的精神受到创伤等；修建大坝之前人们的焦急等待，影响人们的生产生活；蓄水之后又出现各种问题；大坝涉及的移民问题；由于大坝引起的各种疾病，对人类的健康造成不利影响，等等。

7.2.1.2　大坝带来的收益

事实上，与大坝所带来的生态环境等问题相比，大坝所带来的收益更是显而易见的，各种各样的大坝也确实为我们带来了许多效益（表 7-2）。

一般认为，大坝的功能主要有两个：①蓄水以补偿河流的波动或满足对水和能源的需求；②提高上游的水平面，使水能够顺运河改变流向或提高“水头”。由此又派生出水坝的另几项功能：发电、防洪、航运、水库渔业和休闲活动，等等。在我国，目前对大坝的需求主要来自 3 个方面，一是水力发电，二是防洪，三是发展地方经济。

表 7-2　大坝的主要效益

种类	主 要 影 响
水力发电	提供生产、生活所需的电力，水电一般被认为是清洁、可更新和便宜的电力
防洪	预防洪水的到来
公共供水	提供公共用水
河川交通	使河流交通更加通畅
水库渔业	水库养鱼活动
休闲	生态旅游、增加人们的休闲场所

资料来源：麦卡利：《大坝经济学》，中国发展出版社，2001 年，第 152-184 页。

（1）大坝能够进行水力发电，可以直接解决地方或国家经济发展的电力压力。目前我国的经济发展十分迅速，能源日益紧张，特别是由于石油、矿产资源等不可再生资源的环境问题比较突出，因此水力发电备受大家关注。

（2）大坝可以有效地防洪，有利于减少水患。世界上许多大坝的修建都是为了解决河水泛滥的问题，通过大坝的蓄水功能防止洪水。

（3）水电开发能够带动地方经济发展，这是所有支持兴起大坝的理由之一。一般而言，由于水电项目的建设，会加快相应的基础设施建设，水力发电也会为地方政府提供数额不菲的财政收入，如 2002 年怒江州的财政收入仅为 1.05 亿元，而据估计，如果怒江水电项目实施以后，每年的直接财政收入可达 80 亿元，仅怒江州的财政收入就可达 10 亿元。因此，修建大坝对于发展地方经济具有重要作用。在怒江水电开发争论中，云南大学的党承林教授就指出，“讲兽道也要讲人道。”认为既要考虑生态环境问题，也要充分考虑怒江人民的经济发展问题。

7.2.1.3　怒江水电开发的直接投资——与三峡大坝对比

1990 年 7 月，在“三峡工程论争”汇报会上，潘家铮汇报的三峡工程枢纽部分、水库移民及输变电工程的静态投资按 1986 年价格计算为 361.1 亿元，如包括建设期应付的贷款利息，相应动态投资为 452 亿元。1992 年，邹家华副总理代表国务院说明的三峡工程总投资为 570 亿元（1990 年价格），其中枢纽工程 298 亿元，水库移民投资 186 亿元，输变电工程 87 亿元。1993 年 10 月 29 日，时任国务院三峡工程建设委员会副主任的郭树言同志在梅地亚宾馆召开的新闻发布会上说，“按照 1993 年 5 月的价格水平，三峡工程枢纽工程、输变电工程、库区移民安置三项费用加起来，总投资是 954 亿元人民币”。2000 年 11 月，中国三峡工程开发总公司副总经理李永安接受美国《商业周刊》等记者采访说，三峡工程总投资包括两方面，一是枢纽工程建设需要静态投资 500.5 亿元，移民搬迁费用 400 亿元，整个工程需静态投资 900.5 亿元（按 1993 年价格水平测算），如果宏观条件不发生变化，到 2009 年，大约只需要 1 800 亿元就可以完成建设。

有记者在同一年份透露，三峡工程静态投资为 1 176.22 亿元（按照 1993 年不变价格），其中枢纽部分 500.9 亿元，移民部分 400 亿元，输变电部分 275.32 亿元。考虑价差因素，实际动态投资为 2 800 亿元。

三峡工程开工后，一系列没有纳入预算的开支接踵而来[①]：①移民安置费用大幅度上升。三峡工程移民 120 万～160 万人，到 2003 年 12 月已开支 343 亿元，2009 年三峡工程移民投资将达到总工程投资的 4/9，达 800 亿～900 亿元。②环境保护费。到 2004 年 10 月，国务院已规划了至少 393 亿元的资金用于三峡库区水污染治理，重庆市也安排了 98.2 亿元的配套资金。③文物保护费。按国际惯例应占工程总投资的 3%～5%。④地质灾害防治费，包括库区崩塌、滑坡、泥石流治理。⑤三峡工程建设引起的损失补偿费。如工程施工停航给水运部门造成的直接、间接损失。⑥三峡工程设置的船闸对通航率的影响。据葛洲坝实践经验，单级船闸通航率为 90%。⑦由于决策失误造成的损失。三峡工程中作为配套项目的川东天然气氯碱工程于 1994 年开工后，概算近 30 亿元的此工程又于 1997 年因资金匮乏而停建，并于 1998 年下马，此时已耗资 13.2 亿元，清债还需 4.5 亿元，且难以解决移民安置问题。

对比三峡工程总投资的理论预测数值与实际投资的数值，我们可以初步计算怒江开发的实际直接投资：

$$\text{开发投资} = \sum \text{大坝建筑成本} + \sum \text{输变电工程费用} + \sum \text{移民费用}$$

实际投资应该为：

$$\sum \text{总投资} = \sum \text{大坝建筑费用} + \sum \text{输变电工程费用} + \sum \text{移民费用} + \sum \text{文物保护费用} + \sum \text{地质灾害防治费用} + \sum \text{环境治理费用} + \sum \text{其他费用}$$

① 林祥榕：《关注三峡工程的投入问题》，《社会发展》，2004 年第 10 期，第 60-61 页。

假定枢纽工程建设费用不超支，而且移民费用也不超支，那么总投资预计额度：

$$\sum 总投资 = \sum 预计投资 \times (1+4\%) \times (1+22.8\%) \times (1+25\%) \times (1+30\%)$$

式中保守估计文物保护费用为总工程的 4%，环境治理费用比照三峡工程为 22.8%，地质灾害防治保守估计为总投资额的 25%，其他费用比照三峡工程保守估计为 30%，则实际直接静态投资总额至少为：

$$896.46 \times (1+4\%) \times (1+22.8\%) \times (1+25\%) \times (1+30\%) = 1\ 886.838\ 1（亿元）$$

7.2.2　怒江水电开发的生态影响

怒江水电开发的生态影响主要是破坏了怒江的生态价值，体现以下几方面：

（1）怒江具有极高的保护价值首先源于它的地质和生物的多样性和稀有性。怒江流域地貌的多样性使它与流经其他峡谷的澜沧江等 3 条江并列为三江并流世界保护遗产地。怒江流域为动植物栖息地提供了多样的生物环境。怒江水系和流域的确是上百万人口的母亲河，它同时也是一条国际河流，它不仅养育着沿河不同国度的人民，也是沿河国家和睦相处的纽带。

（2）怒江的唯一性或者说它的稀有性是指它是世界级的物种经营库，物以稀为贵，它是三大物种生物中心之一，许多物种在别的地方已经消失，而在这儿还可以找得到，它是比较珍贵甚至濒危的。它的地质形成过程也是特有的，印度板块和欧亚板块挤压形成了三江并流，为人们留下了地质和生物考古的种种遗迹。再由于河流的升迁，使我们在沿河古迹一代阅读上千年的历史。怒江是大峡谷，峡谷景观可与科罗拉多大峡谷媲美，科罗拉多大峡谷有 300 多 km，怒江峡谷长度有 600 多 km，是它的一倍。怒江的峡谷高差也是科罗拉多大峡谷的一倍。这些都是中国唯一世界非常稀少的，是最珍贵的东西。作为将来的旅游开发是非常好的旅游资源。

（3）怒江之所以要保护是因为它的典型性和河流的代表性，它体现了一种典型的峡谷河流风貌，峡谷之深、峡谷之长，处处张扬着怒江的风格。怒江也因流急而得名。怒江流域峡谷河段可以作为生态代表性的区域加以保护，如说高利贡山在 2001 年就被吸纳为世界自然保护区，怒江峡谷在 2003 年又被圈为世界遗产保护地带。怒江中的鱼类和其他水中生物适应急流的生存方式，也是具有代表性的。

（4）怒江天生丽质，张扬着怒江的风格。怒江是一条桀骜不驯的河，它的流量至今还没有困在大坝里，也没有人为的减少，目前还没有诸如南水北调或者西水东调的跨流域调水工程。它的水质变化不大，污染非常轻。它的主要生物的自然过程既没有被人为改变，又少有外来入侵种，河中的一些动植物依然是天生的。所以，它还是处于原始的自然过程。

因此，在怒江流域进行水电梯级开发，对生态系统肯定会造成胁迫效应，否认或者讳言这种影响不是一种科学的态度。但是，由于国内目前对于大坝的生态影响问题的讨论，多为抽象的建议和理论上的议论，少有具体的现场观测和分析工作，更缺乏定量的数值模拟和科学试验。加之受到当前科学发展水平和人们认知能力的限制，目前对于怒江水电开发的生态影响缺乏全面、深入的预测和评估。这主要表现在以下 4 个方面①：

（1）缺乏怒江梯级开发后对于河流生态系统整体影响分析预测和评价，而不仅限于某些珍稀、濒危物种的分析。特别要注重对河流生态系统结构与功能的影响，预测评估河流生态系统的整体变化。研究范围以河流廊道为主，兼顾全流域。

（2）缺乏对于怒江的生态价值的定量分析，特别是生态服务功能的定量分析。现在讨论怒江生态保护问题，比较重视经济价值和旅游价值的自然资源。实际上，怒江的生态价值，绝不仅仅局限于在商品经济中可直接利用的价值，它对于气候稳定、水体自净、水土保持等方面的价值更为重要，这些都需要进行研究论证。至于怒江生态系统的非利用价值，还没有触及，包括自然物种和基因库、生物多样性和雄伟奇险的自然景观。

（3）缺乏对于筑坝产生的生态响应的长时间尺度分析。筑坝后，泥沙淤积以及河势变化引起的栖息地质量变化、水库运行造成水文周期的人工化对于水生生物的效应等，都是一个缓慢的演进过程，也许需要数十年、上百年或更长的时间逐渐显现。因此需要在长期、系统的生态监测的基础上进行预测和评估。目前，怒江的生物监测工作十分薄弱，尚未建立流域生物监测系统，现有的生物调查资料时间尺度较短。在这样的条件下，进行筑坝后的生态长期影响评估和预测自然是十分困难的。

（4）缺乏不同方案的情景分析。对于开发与不开发的生态影响的情景分析比较，如果实施开发，不同的梯级开发布置方案的生态影响的情景分析比较。这些都需要建立水文、水力学因子与生物因子的关系模型，针对水电不同的开发程度，分析不同梯级数目，不同水电站位置和布置方式对于标志性生物的胁迫程度，从而探求优化的开发程度和合理方式。

---

① 董哲仁：《怒江水电开发的生态影响》，《生态学报》，2006 年第 26 卷第 5 期。

7.2.3 怒江开发引起的思考

关于怒江水电开发的争论虽暂告一段落，但它反映出来的问题是深刻的。笔者认为，它至少反映或提出了以下问题。

7.2.3.1 怒江争论体现了经济发展与环境保护的矛盾

关于怒江的争论不是个别的案例，它代表了一种趋势，一种理念，即生态保护已经被人们广泛接受。早在 1854 年，梭罗撰写了《瓦尔登湖》，引起生活在污染中的人们对清新空气的向往，但并没有引起人们的普遍关注。1987 年，世界环境与发展委员会发表了影响全球的题为《我们共同的未来》的报告，提出了可持续发展的概念。1992 年里约热内卢会议后，可持续发展从理论走向实践，世界各国政府纷纷制定符合自身国情的可持续发展战略。

怒江争论体现了经济发展与保护生态之间的矛盾，支持者与反对者都有一些的理由（表 7-3）。

表 7-3　怒江水电开发争论的主要依据

支持者的理由	反对者的理由
讲“兽道”也要讲“人道” （1）怒江全部梯级开发后每年可创造产值 340 多亿元，直接财政贡献可以达到 80 亿元，其中地税年收入可以增加 27 亿元，仅怒江州每年地方财政就将增加 10 亿元 （2）开发后，实现以电代柴，怒江每年可节约 50 万 m^3 现在被用做燃料的木材。据推算，怒江中下游水电站将可带来 44 万个长期就业机会 （3）2002 年，怒江全州地方财政收入仅为 1.05 亿元。财政自给率仅为 14.7%；全州农民人均纯收入仅为 935 元，50%的农民群众没有解决温饱 （4）怒江中下游水电开发的确不是解决当地群众贫困和经济发展的唯一最佳途径，但怒江地区生存条件的恶劣超出了一般人的想象，水电开发，至少是迄今为止一条可实现的对怒江州社会经济发展具有重要作用的途径	为子孙保留一条生态江 在 2003 年 9 月 3 日由国家环境保护总局在北京市主持召开的“怒江流域水电开发活动生态环境保护问题专家座谈会”上。何大明第一次抛出反对怒江建坝的六大“尖锐”理由： （1）包括怒江在内的“三江并流”是在久远的地球演化过程中形成的独特的自然资源，并已于今年被联合国列入世界自然遗产名录，该遗产的保护十分重要，我们应该信守对世界遗产的承诺 （2）怒江天然大峡谷具有多重不可替代的重大价值 （3）怒江是我国与东南亚淡水鱼类区系最为重要的组成部分 （4）怒江中下游所处的横断山区，怒江等大河沿断层发育，新构造运动活跃。在其高山峡谷区修建干流大型电站，必须关注水土流失、滑坡、泥石流和可能的地震灾害的危害，工程的经济寿命可能远较预期设计得小 （5）怒江大峡谷干流电站将产生大量生态移民 （6）怒江州的贫困是多种原因造成的，不可能依靠修建大型水电站脱贫 这六大理由后来成为国家环保总局以及北京的专家们向怒江“发难”的基础

资料来源：根据相关媒体报道整理。

7.2.3.2 大坝问题的实质是利益问题

经济发展与生态保护矛盾的背后是利益之争，这种利益表现在两个方面：①人与自然之间的利益；②人与人之间的利益，包括部门与部门之间的利益、地方政府与中央政府之间的利益、地方政府与部门之间的利益以及当代人与后代人之间的利益。

（1）大坝与生态的矛盾体现了人与自然之间的利益之争。也就人类的利益是否高于自然的利益。过去我们对这种认识是不深的，或者是因为生态环境对于我们来说还不是稀缺的，或者我们对生态的偏好还不足以使我们产生这种认识，或者是因为我们对生态环境的破坏还没有引起重大的生态环境问题。一般认为人类是万物之灵，表现在哲学上即是鲜明的“人类中心主义”，将自然界看做是为人类服务的，过分相信人的主观能动性，而没有认识到人是自然的孩子，本质上是一种生命体。虽然恩格斯在许多年前就曾经指出过：“我们不要过分陶醉于我们对自然界的胜利。对于每一次这样的胜利，自然界都报复了我们。”但在这种“人类中心主义”思想的指导下，人们不可能过多地考虑自然的需要，而是主要考虑人的利益。这种利益之争在美国的“大坝与小鱼的对话”之中体现得淋漓尽致。

关于水坝与生物物种竞争的典型案例可回顾美国的特里哥（Tellico）大坝水利工程①。特里哥大坝位于田纳西州（Tennessee），于 1967 年经国会批准，当这座造价达 1.16 亿美元水坝正在修建中时，田纳西州的一位鱼学家发现了一个以前不为人所知的鲈鱼物种，因此，美国最高法庭命令停止其施工，为的是要挽救这种体长不过 3 英寸的蜗鲈（snail darter）。其后濒危物种委员会对此工程也加以制止。但后来，国会为蜗鲈而专门通过了一项对《濒危物种法案》的豁免案，从而让大坝的修建得以完成。最终，蜗鲈让位于大坝，霍尔姆斯・罗尔斯顿指出：“这将是世界上首例的一个物种有意地毁灭另一物种的事件。”而具有讽刺意味的是，这场争论原本是不必要的。因为，一项经济分析表明大坝在经济上是不合理的，而蜗鲈则可以成功地被移植到他处。

随着人类经济水平的不断提高，技术不断进步，经济活动对生态环境的影响也日益增大，人类经济活动的自然负效应也开始显现。怒江水电开发的争论实质是开发水电与保护怒江生态环境的争论，在全国范围内的讨论中，形成了两大阵营，自然保护主义者强调要保持原始生态江，不予开发，而另一种观点认为应该进行开发，“不能让江水白白流逝”。这实际上提出了一个问题，即自然是否也有

---

① 资料来源：泰坦伯格：《环境与自然资源经济学》，经济科学出版社，2003 年，第 21 页；霍尔姆斯・罗尔斯顿 III，《哲学走向荒野》，吉林人民出版社，2000 年，第 74-75 页。

价值，谁代表自然的利益。我们还缺乏衡量生态成本的工具，也还需要时间与“人类中心主义”划清界限。但无论如何，我们开始反思“人类中心主义”，我们开始关心自然的价值，不论这是出于对自然的尊重，还是对人类自身前途的担忧。

（2）大坝与生态的矛盾体现了人与人的利益之争。这可以从人们对大坝功用的排序方式部分地得到反映。对水坝不同功用的优先排序，经常是建立在政治和经济力量的基础之上的。如果农业诉求占了政治优势，农田灌溉的水源分配可能会优先于水力发电。正如世界银行的一份内部报告指出：“主导水坝和水库经营管理的并不是最大化定律，而是来自不同利益团体之间的争议冲突。”[①]

7.2.3.3　解决生态环境问题需要生态补偿机制

（1）解决大坝等生态环境问题要求我们一定要树立科学发展观的思想，按照统筹人与自然的关系来思考问题。经济发展与生态环境保护不是完全冲突的，在一定条件下是可以双赢的，譬如，《半月谈》曾报道的“和林格尔现象”就为我们实践科学发展观树立了典范，不仅实现了经济迅速的发展，而且还使生态环境得到保障。

（2）解决大坝问题需要生态补偿机制。解决大坝问题，包括解决西部地区许多其他生态环境问题，都要求我们加快建立生态补偿机制。当前，关于生态补偿及其实施的研究已经越来越多。如何通过市场机制、政府转移、公众参与等方式解决经济发展与生态环境的矛盾成为理论和实践中研究的热点问题。

（3）让更多的人参与进来，增强决策的科学性和民主性。大坝建设要求技术人员、经济工作者、社会工作者、政府人员、公众等共同参与，集体决策，防止片面追求经济增长而忽视生态环境保护的思想。

7.3　基于专家评判和支付意愿的补偿框架

怒江水电开发的生态补偿涉及两种情况，一种情况是如果怒江进行水电开发，如何进行生态补偿，包括对生态环境的补偿和对居民的补偿。另一种情况是如果怒江不进行水电开发，那么，要不要对怒江州的人民进行生态补偿以及如何补偿。目前的实际情况是，怒江没有进行水电开发，同时政府也没有对怒江人民进行生态补偿，怒江人民仍然生活在极度贫困之中。笔者认为，这种结果是不合理的。以生态保护的理由将怒江保护起来不开发，其收益不仅包括怒江人民，还包括云南人民、全国人民甚至国际社会，如他们都享受了怒江作为一种原始生态江的愉

---

① 麦卡利：《大坝经济学》，中国发展出版社，2001 年，第 153 页。

悦感。但是，由于不开发而导致的经济损失全部由怒江人民所承担了（这里没有考虑开发过程的相关利益方）。因此，笔者提出一种基于专家评判和支付意愿的补偿思路，谋求解决此类因生态保护而放弃开发的补偿问题。

7.3.1 补偿思路

（1）应该明确怒江的开发权归谁所有。如果认为产权属于当地政府和人民，则开发与否的权利在于怒江政府和人民。如果将开发权界定为国家和全国人民，则开发与否的权利由国家政府决定。在目前国内还没有明确的法律规定开发是属于国家还是地方的情况下，开发与否主要由行政部门进行审批，其中的大部分需要请专家进行论证。

（2）一旦产权明确，则可以借助市场来解决补偿问题。如果产权赋予中央政府，则国家从社会利益出发，坚持可持续发展和科学发展观，由于怒江具有重要的生态价值，将实行不开发政策。此时，政府应该考虑是否给予当地政府和人民补贴。如果政府对怒江人民进行补偿，其结果是生态资源得到保护，地方政府或人民得到补偿。

反之，如果产权界定给地方政府和人民，则地方政府从自身利益出发，由于怒江水电开发的经济价值极高，将采取开发利用政策。相应地，由于怒江具有重要的生态价值，将给怒江以外的地区包括全国人民带来很强的外部不经济性。此时，其他地区不支持开发的人将具有保护生态的支付意愿，他们将愿意通过一定的经济补偿要求怒江人民采取不开发政策。如果这种货币补偿等于或多于怒江人民开发怒江所带来的收益，那么，怒江人民将采取不开发的政策。其结果是生态资源得到保护，地方政府或人民得到补偿。例如，胡大源研究指出，北京居民愿意支付一定货币对上游内蒙古居民进行补偿，促使其减少其过度放牧行为，从而治理沙尘暴。

7.3.2 基于专家评判和支付意愿的补偿框架

如果需要进行生态补偿，无论是国家补偿给怒江，还是社会公众补偿给怒江，都需要构建具体的补偿机制，涉及补偿主体、补偿期限、补偿形式，等等。笔者提出了一个补偿框架，见图 7-1。在这个机制中，专家评判和支付意愿法将起到重要的作用。专家评判主要确定补偿主体、补偿标准和补偿期限。谁补偿谁，在我国资源环境产权不清晰或法律规定不明确的前提下，可以采取专家评判的方法确定补偿主体。也即确定资源开发的产权问题。关于补偿标准，可以采用支付意愿的方法，因为任何补偿标准最终是需要实际支付的，如果补偿的理论标准很高，但没有人愿意付钱，这种补偿是难以实施的。而支持意愿具有一定的兑现基础。当然，支付意愿法中本身也存在许多问题需要解决。

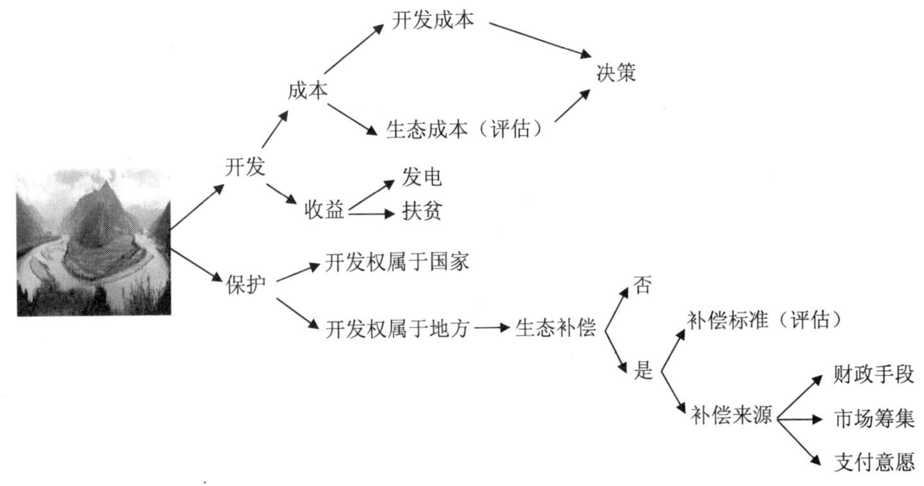

图 7-1　怒江水电开发与补偿思路

7.3.2.1　补偿主体

是否应该补偿？国家应不应该对怒江州政府和农民进行补偿。在前面的讨论中主要涉及怒江能否建立梯级水电站，其结果引起了专家们的广泛争论。因此，专家评判的第一个任务就是确定怒江开发的权利归谁。因为怒江生态服务的产权不明确，这样就产生了一个问题，是全国人民有权享受生态服务，还是怒江人民可以独立地进行水电开发以解决经济发展的压力。这涉及开发权的问题，从理论上讲，怒江是国家自然保护区，因此，似乎表明国家具有生态服务享受权，但怒江人民的经济压力如何解决，需不需要给他们补偿。根据当前的实践是没有进行补偿，国家通过行政命令强制止怒江的水电开发，保护了生态环境。实际上这种行政方法是低效率的，因为它存在着希克斯改进。即可以通过少数的福利损失来改进社会福利。专家评判中要考虑的技术性问题有：①评判基本原则问题。评判应该有一些共同的基本原则。一是兼顾经济效益、社会效益与生态效益的协调，将可持续发展放在第一位；二是尊重少数专家的正确意见。②评判专家选择问题。不同学科、不同地区的专家有不同的知识背景、不同的立场，会导致不同的评价标准和评价结果。譬如，在怒江水电开发争论中，环境经济学者和水利专家的观点大不相同，北京的专家和云南的专家观点也相去甚远。因此，在专家的选择方面，应该具有代表性，要注意专家的学科结构、区域结构和年龄结构等。

7.3.2.2 补偿标准与期限

该给怒江人民补偿多少和补偿期限，是需要讨论的重要问题，这一点可以借助支付意愿调查来提供意见。

支付意愿主要是通过问卷调查等形式来了解人们的保护生态的经济意愿，其中涉及的具体问题有：①补偿标准的多少。这涉及调查问卷的设计、调查样本的选择、调查时间和形式的控制，等等。在支付意愿调查法评估中，影响调查结果的因素有很多，有些是调查者可以控制的，有些是难以控制的，还有一些与调查者本人的偏好有关。因此，要得到真实的结果，必须尽可能客观地进行调查。②补偿期限问题，是否一直补贴？支付意愿法可以调查人们为享受生态服务愿意支付的多少，但这种支付是一次性的，还是长期的？如果是一次性，那么补偿完了后怎么办，是不是就可以免费享受。如果是长期的，会不会助长不劳而获的行为？因为这种做法可能鼓励其他地区的人不劳而获，如长江上游的人可能过度伐树，以求得下游人的补偿。另外，当前在土地征收过程中，对拆迁居民的补偿方法可不可以借鉴，都有待进一步讨论。③实施的交易成本有多大，是否会引起其他问题？因为怒江问题是一个全国性的问题，如果进行支付意愿调查需要发放大量的问卷，其实施成本非常高。

7.3.2.3 补偿资金的筹集

对于怒江生态保护补偿大量资金，其主要来源可以通过以下途径：①国家从中央财政中支出一部分，因为怒江生态保护的享受者或受益者范围广、数量多，需要政府进行埋单；②发行生态环保债券筹集资金，将环保债券引入怒江生态保护中，探索保护生态环境融资的新方式；③发行彩票，一次性筹集公众资金，专项用于补偿怒江生态服务。由于存在保护怒江的公众意愿，公众愿意参加彩票购买。而且彩票作为一种高收益的投资活动，在体育活动等已经得到成功发行。

7.3.2.4 补偿形式与途径

补偿资金如何使用与管理，是直接补偿给当地农民还是给地方政府，由政府发展产业，改善基础设施等。是以货币形式直接补偿，还是以生态保护、项目支持、技术援助等形式进行补偿都值得讨论。笔者建议两方面结合，一方面由国家通过财政转移对怒江政府进行资金货币的补偿；另一方面以技术援助和项目支持的方式鼓励和带动怒江的旅游、农业等产业的发展，实现生态保护与经济发展的双赢。

参考文献

[1] Costanza R. *Ecological Economics：the Science and Management of Sustainability*. Columbia University Press. 1991.

[2] Farley J. *Ecological Economics*. Island Press. 2005.

[3] Tom Tietenberg. *Environmental and Natural Resource Economics（Fifth Edition）* Boston：Addison Wesley Longman. 2001.

[4] P.S.Dasgupta & G.M.Heal. *Economic Theory and Exhaustible Resources*. Cambridge University Press. 1979.

[5] R. Quentin Grrafton，et al. *The Economics of environment and natural resources*. Blackwell Publising Ltd. 2004.

[6] Costanza R. the Value of the world's ecosystem services and natural capital. *Nature*，1997，586：253-260.

[7] Kosoy N，Martinez-Tuna M，Muradian R，Martincz-Alier J. Payments for environmental services in watersheds：Insights from a comparative study of three cases in Central America. *Ecological Economics*，2006：1-10.

[8] Pagiola S. Can payments for environmental services help reduce poverty? An exploration of the issues and the evidence to date from Latin America. *World Development*，2005，33（2）：237-253.

[9] Zbinden S，Lee D. Paying for environmental services：an analysis of participation in Costa Rica's PSA program. *World Development*，2005，33（2）：255-272.

[10] Sierra R，Russman E. On the efficiency of environmental service payments：A forest conservation assessment in the Osa Peninsula，Costa Rica. *Ecological Economics*，2006：131-141.

[11] Pfaff A. What Drives Deforestation in the Brazilian Amazon? *Journal of Environmental Economics and Management*，1999，37：26-43.

[12] Johnson N L，Baltodano M E. The economics of community watershed management：some evidence from Nicaragua. *Ecological Economics*，2004，49：57-71.

[13] ChomitzU K M，Brenes E，Constantino L. Financing environmental services：the Costa Rican experience and its implications，*The Science of the Total Environment*，1999，240：157-169.

[14] Alexander A，List J，et al. A method for valuing global ecosystem services. *Ecological Economics*，1998，27：161-170.

[15] Howarth R B，Farber S. Accounting for the value of ecosystem services. *Ecological Economics*，2002，41，421-429.

[16] Sutton P C，Costanza R. Global estimates of market and non-market values derived from nighttime satellite imagery，land cover，and ecosystem service valuation. *Ecological Economics*，2002，41：509-527.

[17] Seidl A F，Moraes A S. Global valuation of ecosystem services：application to the Pantanal da Nhecolandia，Brazil. *Ecological Economics*，2000，33：1-6.

[18] Farber S C，Costanza R，et al. Economic and ecological concepts for valuing ecosystem services. *Ecological Economics*，2002，41：375-392.

[19] Guo Zhongwei，Xiao Xiangming，et al. Ecosystem functions，services and their values-a case study in Xingshan County of China. *Ecological Economics*，2001，38：141-154.

[20] Serafy S.EL. Green accounting and economic policy，*Ecological Economics*，1997，21：217-229.

[21] Hannon B. How might nature value man?，*Ecological Economics*，1998，25：265-279.

[22] Linton J. Environmental accounting：useful to whom and for what? *Ecological Economics*，1996，16：179-190.

[23] Wunder S. 'Payments for environmental services：some nuts and bolts'，CIFOR Occasional Paper 42，Bogor. 2005.

[24] Stefanie Engel，Stefano Pagiola，Sven Wunder. Designing payments for environmental services in theory and practice：An overview of the issues. *Ecological Economics*，2008，65（4）：663-674.

[25] Roger Claassen，Andrea Cattaneo，Robert Johansson. Cost-effective design of agri-environmental payment programs：U.S. experience in theory and practice. *Ecological Economics*，2008，65（4）：737-752.

[26] Wunder S. Payments for environmental services and the poor：concepts and preliminary evidence. Environment and Development Economics，2008，13（3）：279-297.

[27] Pagiola S，A. Arcenas，and G. Platais. 'Can payments for environmental services help reduce poverty? An exploration of the issues and the evidence to date from Latin America'，*World Development*，2005，33：237-253.

[28] Heath J. and H. Binswanger. 'Natural resource degradation effects of poverty and population growth are largely policy-induced：the case of Colombia'，*Environment and Development Economics*，1996，1：65-84.

[29] Perrot-Maitre D. The Vittel Payments for Ecosystem Services：A 'Perfect' PES Case? London：

International Institute for Environment and Development. 2006.

[30] Carlos Muñoz-Piña，Alejandro Guevara，Juan Manuel Torres，Josefina Braña. Paying for the hydrological services of Mexico's forests：Analysis，negotiations and results. Ecological Economics，2008，65（4）：725-736.

[31] Zilberman D，Lipper L，Mccarthy N. When could payments for environmental services benefit the poor? Environment and Development Economics，2008，13（3）：255-278.

[32] Bulte E，Lipper L，et al. Payments for ecosystem services and poverty reduction：concepts，issues，and empirical perspectives. Environment and Development Economics，2008，13（3）：245-254.

[33] Heath J. and H. Binswanger. 'Natural resource degradation effects of poverty and population growth are largely policy-induced：the case of Colombia'，Environment and Development Economics，1996，1：65-84.

[34] J.K. Turpie，C. Marais，J.N. Blignaut. The working for water programme：Evolution of a payments for ecosystem services mechanism that addresses both poverty and ecosystem service delivery in South Africa. Ecological Economics，2008，65（4）：788-798.

[35] Michael T. Bennett，China's sloping land conversion program：Institutional innovation or business as usual? Ecological Economics，2008，65（4）：699-711.

[36] Nigel M. Asquith，Maria Teresa Vargas，Sven Wunder. Selling two environmental services：In-kind payments for bird habitat and watershed protection in Los Negros，Bolivia. Ecological Economics，2008，65（4）：675-684.

[37] Pagiola S，A. Arcenas，and G. Platais. 'Can payments for environmental services help reduce poverty? An exploration of the issues and the evidence to date from Latin America'，World Development，2005，33：237-253.

[38] Paul J. Ferraro. Asymmetric information and contract design for payments for environmental services.Ecological Economics，2008，65（4）：810-821.

[39] Perrot-Maitre D. The Vittel Payments for Ecosystem Services：A 'Perfect' PES Case? London：International Institute for Environment and Development. 2006.

[40] Peter G.H. Frost，Ivan Bond. The CAMPFIRE programme in Zimbabwe：Payments for wildlife services. Ecological Economics，2008，65（4）：776-787.

[41] Roger Claassen，Andrea Cattaneo，Robert Johansson. Cost-effective design of agri-environmental payment programs：U.S. experience in theory and practice. Ecological Economics，2008，65（4）：737-752.

[42] Stefanie Engel，Charles Palmer. Payments for environmental services as an alternative to

logging under weak property rights：The case of Indonesia. Ecological Economics，2008，65（4）：799-809.

[43] Stefano Pagiola. Payments for environmental services in Costa Rica. Ecological Economics，2008，65（4）：712-724.

[44] STEFANO PAGIOLA，ANA R. RIOS，AGUSTIN ARCENAS. Can the poor participate in payments for environmental services? Lessons from the Silvopastoral Project in Nicaragua. Environment and Development Economics，2008，13（3）：299-325.

[45] Sven Wunder，Stefanie Engel，Stefano Pagiola. Taking stock：A comparative analysis of payments for environmental services programs in developed and developing countries. Ecological Economics，2008，65（4）：834-852.

[46] Thomas L. Dobbs，Jules Pretty. Case study of agri-environmental payments：The United Kingdom. Ecological Economics，2008，65（4）：765-775.

[47] 巴斯夏．和谐经济论．王家宝，译．北京：中国社会科学出版社，1995.

[48] 皮尔斯，沃福德．世界无末日——经济学、环境与可持续发展．张世秋，等译．北京：中国财政经济出版社，1996.

[49] 丹尼斯·米都斯，等．增长的极限．李宝恒，译．长春：吉林人民出版社，1997.

[50] 巴里·康芒纳．封闭的循环．侯文蕙，译．长春：吉林人民出版社，1997.

[51] 赫尔曼·戴利．超越增长——可持续发展的经济学．诸大健，胡圣，译．上海：上海译文出版社，2001.

[52] 伊恩·莫法特．可持续发展——原则、分析和政策．宋国君，译．北京：经济科学出版社，2002.

[53] 罗杰·珀曼，等．自然资源与环境经济学．侯元兆，等译．北京：中国经济出版社，2002.

[54] 保罗·霍肯，洛文斯，等．自然资本论：关于下一次工业革命．王乃粒，等译．上海：上海科学普及出版社，2000.

[55] 克莱夫·庞廷．环境与伟大文明的衰落．王毅，等译．上海：上海人民出版社，2002.

[56] 迈里克·弗里曼．环境与资源价值评估——理论与方法．曾贤刚，译．北京：中国人民大学出版社，2002.

[57] 莱斯特·布朗．生态经济：有利于地球的经济构想．林自新，译．北京：东方出版社，2002.

[58] 艾瑞克·戴维森．生态经济大未来．齐立文，译．汕头：汕头大学出版社，2003.

[59] 莱斯特·布朗．B 模式：拯救地球 延续文明．林自新，等译．北京：东方出版社，2003.

[60] 布鲁斯·米切尔．资源与环境管理．蔡运龙，等译．北京：商务印书馆，2004.

[61] 宫本宪一．环境经济学．朴玉，译．北京：生活·读书·新知三联书店，2004.

[62] 保罗·伯特尼，罗伯特·史蒂文斯．环境保护的公共政策．穆贤清，等译．上海：上海人

民出版社，2004.

[63] 亨特布尔格，等. 生态经济政策：在生态专制和环境灾难之间. 葛竞天，等译. 大连：东北财经大学出版社，2005.

[64] 托马斯·思德纳. 环境与自然资源管理的政策工具. 张蔚文，等译. 上海：上海人民出版社，2005.

[65] 卢茨，等. 西方环境运动：地方、国家和全球向度. 徐凯，译. 济南：山东大学出版社，2005.

[66] 岩佐茂. 环境的思想——环境保护与马克思主义的结合处. 韩立新，张桂权，等译. 北京：中央编译出版社，2006.

[67] 杰弗里·希尔. 自然与市场：捕获生态服务链的价值. 胡颖廉，译. 北京：中信出版社，2006.

[68] 格蕾琴·C·戴利，凯瑟琳·埃利森. 新生态经济：使环境有利可图的探索. 郑晓光，刘晓生，译. 上海：上海科技教育出版社，2006.

[69] 赵士洞. 千年生态系统评估报告集（二）：生态系统与人类福祉：荒漠化综合报告、湿地与水综合报告、健康综合报告、工商业面临的机遇与挑战. 赖鹏飞，译. 北京：中国环境科学出版社，2007.

[70] 张永民，译. 千年生态系统评估报告集（三）：生态系统与人类福祉：评估框架. 北京：中国环境科学出版社，2007.

[71] 奥蒂，等. 资源富足与经济发展. 张效廉，译. 北京：首都经济贸易大学出版社，2006.

[72] 戴星翼. 走向绿色的发展. 上海：复旦大学出版社，1998.

[73] 戴星翼，俞厚未，董梅. 生态服务的价值实现. 北京：科学出版社，2005.

[74] 冯东方，任勇，俞海，等. 我国生态补偿相关政策评述. 环境保护，2006（10）.

[75] 高彤，杨姝影. 国际生态补偿政策对中国的借鉴意义. 环境保护，2006（10）.

[76] 龚亚真. 世界各国实施生态补偿的经验对中国的启示. 林业科技管理，2002（3）.

[77] 葛颜祥，梁丽娟，接玉梅. 水源地生态补偿机制的构建与运作研究. 农业经济问题，2006（9）.

[78] 国家环境保护总局自然生态保护司. 生态补偿：为了可持续的未来——浙江、安徽两省建立生态补偿机制的探索与实践. 环境保护，2006（10）.

[79] 黄富祥，康慕谊，张新时. 退耕还林还草过程中的经济补偿问题探讨. 生态学报，2002（4）.

[80] 姜宏瑶. 中国湿地生态补偿机制研究. 北京林业大学，2011.

[81] 金明亮，陈文福，陈菲嫣. 西部生态补偿的理论与实践：中国西部生态补偿国际研讨会综述. 贵州财经学院学报，2005（4）.

[82] 李文华，刘某承. 关于中国生态补偿机制建设的几点思考. 资源科学，2010（5）.

[83] 李文华．探索建立中国式生态补偿机制．环境保护，2006（10）．
[84] 李玉敏，侯元兆．森林环境服务补偿机制研究概述．世界林业研究，2005，18（6）．
[85] 厉以宁，Jeremy Warford，等．中国的环境与可持续发展．北京：经济科学出版社，2004.
[86] 梁丽娟，葛颜祥．关于我国构建生态补偿机制的思考．软科学，2006（4）．
[87] 刘思华．理论生态经济学若干问题研究．南宁：广西人民出版社，1989.
[88] 刘思华．可持续发展经济学．武汉：湖北人民出版社，1997.
[89] 刘思华．刘思华选集．南宁：广西人民出版社，2000.
[90] 刘思华．刘思华文集．武汉：湖北人民出版社，2003.
[91] 刘思华．刘思华可持续经济文集．北京：中国财政经济出版社，2007.
[92] 刘思华．生态马克思主义经济学原理．北京：人民出版社，2006.
[93] 刘传江．经济可持续发展的制度创新．北京：中国环境科学出版社，2002.
[94] 刘传江，徐建玲．利益补偿与分享机制缺失下的政策失效问题探讨——基于西北地区环境重建的分析．经济评论，2006（4）．
[95] 刘江宜，倪琳．生态环境成本内部化研究．资源开发与市场，2007（3）．
[96] 刘桂环，张惠远，万军，等．京津冀北流域生态补偿机制初探．中国人口·资源与环境，2006（4）．
[97] 刘燕，潘杨，陈刚，等．双二元经济结构下的生态建设补机制．中国人口·资源与环境，2006（3）．
[98] 刘玉龙，阮本清，张春玲，等．从生态补偿到流域生态共建共享——兼以新安江流域为例的机制探讨．中国水利，2006（10）．
[99] 柳杨青．生态需要的经济学研究．北京：中国财政经济出版社，2004.
[100] 鲁春霞，谢高地，成升魁．河流生态系统的休闲娱乐功能及其价值评估．资源科学，2001，23（5）．
[101] 逯元堂，吴舜泽，朱建华．中央财政环境保护专项资金优化设计探讨．中国人口·资源与环境，2010（3）．
[102] 马中．环境与自然资源经济学概论（第二版）．北京：高等教育出版社，2006.
[103] 马国强．生态投资与生态资源补偿机制的构建．中南财经政法大学学报，2006（4）．
[104] 毛显强，钟瑜，张胜．生态补偿的理论探讨．中国人口·资源与环境，2002（4）．
[105] 潘家华．持续发展途径的经济学分析．北京：中国人民大学出版社，1997.
[106] 钱水苗、王怀章．论流域生态补偿的制度构建——从社会公正的视角．中国地质大学学报（社会科学版），2005（5）．
[107] 秦建明，安志美，史春风，等．对退耕还林补偿标准和补偿年限的思考．内蒙古林业调查设计，2006（1）．

[108] 任勇，俞海，冯东方，等．建立生态补偿机制的战略与政策框架．环境保护，2006（10）．

[109] 任保平．低成本经济发展的制度阐释．北京：中国社会科学出版社，2003.

[110] 沈满洪，陆菁．论生态保护补偿机制．浙江学刊，2004（4）．

[111] 沈满洪．资源与环境经济学．北京：中国环境科学出版社，2007.

[112] 沈满洪．生态经济学．北京：中国环境科学出版社，2008.

[113] 孙新章，谢高地，张其仔，等．中国生态补偿的实践及其政策取向．资源科学，2006，28（4）．

[114] 粟晏，赖庆奎．国外社区参与生态补偿的实践及经验．林业与社会，2005（4）．

[115] 唐增，徐中民，武翠芳，等．生态补偿标准的确定——最小数据法及其在民勤的应用．冰川冻土，2010（5）．

[116] 陶在朴．生态包袱与生态足迹——可持续发展的重量及面积观念．北京：经济科学出版社，2003.

[117] 腾有正，刘仲龄，等．环境经济探索：机制与政策．呼和浩特：内蒙古大学出版社，2001.

[118] 万军，张惠远，王金南，等．中国生态补偿政策评估与框架初探．环境科学研究，2005，18（2）．

[119] 王德辉．建立生态补偿机制的若干问题探讨．环境保护，2006（10）．

[120] 王金南，葛察忠，杨金田．环境投融资战略．北京：中国环境科学出版社，2003.

[121] 王金南，庄国泰．生态补偿机制与政策设计．北京：中国环境科学出版社，2006.

[122] 王金南，万军，张惠远．关于我国生态补偿机制与政策的几点认识．环境保护，2006（10）．

[123] 王金南，逯元堂，吴舜泽，等．国家“十二五”环保产业预测及政策分析．中国环保产业，2010（6）．

[124] 王欧．退牧还草地区生态补偿机制研究．中国人口・资源与环境，2006（4）．

[125] 王欧，宋洪远．建立农业生态补偿机制的探讨．农业经济问题，2005（6）．

[126] 王作全，王佐龙，张立，等．关于生态补偿机制基本法律问题研究——以三江源国家级自然保护区生物多样性保护为例．中国人口・资源与环境，2006（1）．

[127] 吴健．排污权交易——环境容量管理制度创新．北京：中国人民大学出版社，2005.

[128] 谢高地，鲁春霞，成升魁．全球生态系统服务价值评估研究进展．资源科学，2001，23（6）．

[129] 徐中民，张志强，程国栋．生态经济学：理论方法与应用．郑州：黄河水利出版社，2003.

[130] 徐中民，张志强，程国栋．当代生态经济的综合研究综述．地球科学进展，2000，15（6）．

[131] 徐中民，张志强，龙爱华，等．额济纳旗生态系统服务恢复价值评估方法的比较与应用．生态学报，2003，23（9）．

[132] 严立冬．经济可持续发展的生态创新．北京：中国环境科学出版社，2002.
[133] 延军平，徐小玲，刘晓琼，等．基于生态购买的西部经济与生态良性互动发展模式研究．陕西师范大学学报（哲学社会科学版），2006（4）.
[134] 杨光梅，李文华，闵庆文．生态系统服务价值评估研究进展．生态学报，2006（1）.
[135] 杨润高，李红梅．国外环境补偿研究与实践．环境与可持续发展，2006（2）.
[136] 姚明宽．建立生态补偿机制的对策．中国科技投资，2006（8）.
[137] 叶文虎．可持续发展的新进展（第1卷）．北京：科学出版社，2007.
[138] 余谋昌．公平与补偿：环境政治与环境伦理的结合点．文史哲，2005（6）.
[139] 余瑞祥．自然资源的成本与收益．北京：中国地质大学出版社，2000.
[140] 余瑞祥，刘江宜．绿色GDP核算回顾与反思．张锦高，成金华，等．资源环境经济学进展（第2辑）．武汉：湖北人民出版社，2004.
[141] 张帆，李东．环境与自然资源经济学．上海：上海人民出版社，2007.
[142] 张锦高，成金华．资源环境经济学进展（第2辑）．武汉：湖北人民出版社，2004.
[143] 张鸿铭．建立生态补偿机制的实践与思考．环境保护，2005（2）.
[144] 张惠远，刘桂环．我国流域生态补偿机制设计．环境保护，2006（10）.
[145] 张礼建，张迎燕．论政府在经济发展中的生态责任．重庆大学学报（社会科学版），2006（3）.
[146] 张俊飚，周国洋．对“一退两还”补偿制度的建立与完善问题的思考．农业经济问题，2003，23（5）.
[147] 张志强，徐中民，程国栋．生态系统服务与自然资本价值评估．生态学报，2001，21（11）.
[148] 赵景柱，段光明，任子平，等．生态环境对经济系统贡献的相对价值评估研究．环境科学，2004（5）.
[149] 赵景柱，罗祺姗，严岩，等．完善我国生态补偿机制的思考．宏观经济管理，2006（8）.
[150] 郑易生．科学发展观与江河开发．北京：华夏出版社，2005.
[151] 郑海霞，张陆彪．流域生态服务补偿定量标准研究．环境保护，2006（1）.
[152] 郑海霞，张陆彪、封志明．金华江流域生态服务补偿机制及其政策建议．资源科学，2006（5）.
[153] 郑玉歆．环境影响的经济分析——理论、方法与实践．北京：社会科学文献出版社，2003.
[154] 钟茂初．可持续发展经济学．北京：经济科学出版社，2007.
[155] 钟水映．人口、资源与环境经济学．北京：科学出版社，2005.
[156] 中国环境保护投融资机制研究课题组．创新环境保护投融资机制．北京：中国环境科学出版社，2004.

[157] 邹蓓蓓，林震．退耕农民参与长效性激励机制的产权分析．林业经济问题，2006（2）．

[158] 周大杰，董文娟，孙丽英，等．流域水资源管理中的生态补偿问题研究．北京师范大学学报（社会科学版），2005（4）．

[159] 祝光耀．建立生态补偿机制 推动生态保护与社会和谐发展．环境保护，2006（10）．

[160] 赵彦泰．美国的生态补偿制度．中国海洋大学，2010.

[161] 赵丽．建立生态补偿机制刻不容缓．科学社会主义，2009（4）．

[162] 庄国泰．经济外部性理论在流域生态保护中的应用．环境保护，2004（6）．

[163] 庄国泰，高鹏，王学军．中国生态环境补偿费的理论与实践．中国环境科学，1995（6）．

后　记

本书是在我的博士学位论文基础上修改而成的。衷心感谢我的指导老师刘思华先生。刘先生是我国著名的马克思主义经济学家和生态经济学家。多年来，先生给予我极大的指导和帮助：一是聆听先生授课、研读他的著作，他渊博的学识和丰硕的成果让我充满敬意；二是我几十次到先生家中，每次在先生书房看他读书写作、听他谈论学术，那种精神和志向让我深受感染；三是先生常带我参加各种学术会议，对他的提携和厚爱心存感激。

感谢中国地质大学成金华教授、余瑞祥教授、张均教授、严良教授、吕军教授对我的关心和帮助。感谢中南财经政法大学严立冬教授、程启智教授、高红贵教授、方时姣教授在我学习期间的帮助。感谢李周研究员、杨志教授、沈满洪教授、陈文科研究员、简新华教授、张俊飚教授、杨文进教授、李欣广教授、林卿教授等学界前辈的关爱。

感谢柳杨青、张新平、刘冬梅、胡芬、刘名俭、唐静、李莺莉、苗艳青、魏彦杰、劳可夫、林新波、万能等同学。我们都是先生的学生，彼此结成了深厚的同学之情。

感谢中国地质大学（武汉）经济管理学院的领导和同事对我工作上的帮助。

感谢爱人张洁博士对我工作上的支持和生活上的照顾。

衷心感谢中国环境科学出版社陈金华编辑的关心和帮助。

书中参考引用了大量专家学者的研究成果，谨向他们表示谢意，如有未注明之处实乃无意疏漏，谨向他们表示歉意。

刘江宜

2011 年 10 月于南望山